Di Raffaele Morelli negli Oscar

L'alchimia
Ama e non pensare
Ciascuno è perfetto
Come amare ed essere amati
Come essere felici
Come trovare l'armonia in se stessi
Dimagrire senza dieta
La felicità è dentro di te
La felicità è qui (con Luciano Falsiroli)
Guarire senza medicine
Lezioni di autostima
Non siamo nati per soffrire
Le parole che curano
Le piccole cose che cambiano la vita
Puoi fidarti di te
La rinascita interiore
La saggezza dell'anima
Il segreto dell'amore felice
Il sesso è amore
Il talento
L'unica cosa che conta
Vincere il panico (con Vittorio Caprioglio)

RAFFAELE MORELLI
VITTORIO CAPRIOGLIO

VINCERE IL PANICO

I edizione Ingrandimenti marzo 2015
I edizione Oscar Bestsellers giugno 2016

ISBN 978-88-04-66554-0

Questo volume è stato stampato
presso ELCOGRAF S.p.A.
Stabilimento - Cles (TN)
Stampato in Italia. Printed in Italy

| librimondadori.it | anobii.com

INDICE

Prefazione
7 Quando è l'istinto che ti chiede di vivere

CONOSCERE IL PANICO.
L'ENERGIA CHE TI CAMBIA LA VITA
15 1 Il panico nel corso dei secoli
25 2 Le divinità del panico
33 3 La visione psicosomatica
43 4 Gli aspetti neurofisiologici
55 5 L'attacco di panico ai raggi X
67 6 Donne e uomini: le due facce del panico
79 7 Il panico nell'infanzia e nell'adolescenza

GLI ESERCIZI PER VINCERE IL PANICO
89 8 Come superare l'attacco di panico

LE STORIE DI CHI CE L'HA FATTA
117 9 Oltre il panico

137 *Letture consigliate*

Prefazione

QUANDO È L'ISTINTO CHE TI CHIEDE DI VIVERE

Il mondo in cui viviamo è ammalato di panico. Questa patologia sta dilagando a livello mondiale e ci obbliga a compiere una seria riflessione per comprenderne il significato e trovare una "cura" adeguata.

La realtà intorno a noi è sempre più cristallizzata in cliché, abitudini e stili di vita ai quali noi tutti, se vogliamo essere socialmente accettati, dobbiamo aderire. Il mondo in cui viviamo, governato dalla superficialità televisiva e dal "politicamente corretto", ci vuole tutti "realizzati", perfettamente integrati in una rete di relazioni sociali finalizzate al consumo, in preda a un senso di vuoto che cerchiamo di riempire con i soldi, la popolarità, il cibo, il sesso...

> Il mondo ci vuole tutti "**realizzati**", perfettamente integrati e... disperatamente **vuoti**.

E noi aderiamo alle richieste di questo universo in maniera sempre più acritica, riempiendo le nostre giornate di gesti e oggetti il più delle volte inutili.

Il cardine di questa filosofia di vita è l'uniformità: la nostra vita deve rimanere rigorosamente entro gli argini ben definiti dell'imperante sentire collettivo. Non dobbiamo farci domande né provare inquietudine: persino le guerre, gli attentati, i disastri naturali, le stragi, il terrorismo dovrebbero passare sugli schermi dei nostri televisori come fenomeni asettici, lontani, da cui non dobbiamo farci contaminare. Nulla di doloroso, di "brutto", ci deve sfiorare.

Poi, improvvisamente, arriva il panico.

Un'ondata di energia ci sferza violentemente, travolge il corpo e la mente. Il viso e le mani iniziano a sudare, il cuore batte all'impazzata, ci manca il respiro, le gambe cedono, siamo scossi dai brividi, la vista si annebbia, abbiamo paura di morire o di impazzire. Tutto, nell'attacco di panico, accade in pochi minuti, scatenando una tempesta emotiva incontenibile e apparentemente senza motivo, che lascia dietro di sé una scia di angoscia, impotenza, spossatezza, malessere. E, soprattutto, nasce la paura che l'attacco possa ripetersi, che si trasformi in un'ossessione che finisca per rovinarci la vita.

> Improvvisamente, arriva il panico: un'**ondata** di energia che ci sferza e ci **travolge**.

Ma che cos'è esattamente il panico e per quali motivi si è candidato a diventare una delle malattie psicosomatiche più diffuse e preoccupanti della nostra epoca?

Ogni periodo storico ha le proprie patologie, che sono esattamente lo specchio, la proiezione della mentalità dominante in quegli anni. Così come l'Ottocento è stato il secolo dell'isteria e il Novecento è stato la lunga – e non ancora conclusa – stagione della depressione, i primi anni del Terzo Millennio sono contraddistinti dalla diffusione massiccia degli attacchi di panico: un disturbo ormai collettivo, che coinvolge fasce diverse – per sesso, età, cultura ed estrazione sociale – della popolazione: le statistiche infatti confermano che solo in Italia ne soffrono due milioni e mezzo di persone. In particolare si tratta di donne (in due casi su tre), anche se le crisi sono in rapido aumento tra i maschi di tutte le età.

> Il significato profondo del panico è collegato al **tramonto** della **sacralità** nella nostra vita.

Se viene inquadrato e analizzato nella sua valenza sociale, oltre che individuale, il panico racchiude un significato profondo, strettamente collegato al tramonto del senso del sacro, un tratto caratteristico della nostra epoca.

Il panico dimostra infatti che l'uomo può tornare all'improvviso ai suoi istinti primordiali rimossi. Oggi, del resto, viviamo con la convinzione che l'esistenza quotidiana sia solo un piatto susseguirsi di eventi materiali, di fenomeni concreti, prevedibili e manipolabili. E arroccati come siamo su questo pregiudizio, escludiamo che la vita possa nascondere aspetti più profondi, misteriosi e seducenti di quelli che banalmente e sbrigativamente le attribuiamo.

La vita, insomma, è "tutta qui". Questa visione riduttiva dell'esistenza ci fa dimenticare che in ogni individuo è presente qualcosa di prezioso e di "speciale", una sorta di essenza capace di guidarci, un'energia fuori dal tempo, unica, che ci distingue l'uno dall'altro. Ma l'atteggiamento di rifiuto di tutto ciò che è ignoto e incerto, caratteristico dell'uomo occidentale contemporaneo, porta a una migrazione delle energie da un piano profondo e istintivo a un livello di superficie, tutto mentale, governato dall'Io. Viviamo sbilanciati verso i mondi della ragione, della logica, del materialismo, della progettualità e del risultato da raggiungere a tutti i costi. Ma un'esistenza così strutturata lascia immancabilmente scoperte altre aree della personalità, zone arcaiche e misteriose della coscienza nelle quali dominano le emozioni e le forze misteriose dell'inconscio, che non rispetta le regole della ragione. L'inconscio piuttosto ha a che fare con Pan, il dio greco della natura e della trasgressione – da cui la parola "panico" trae la sua radice – che oggi ritorna, per liberarci a forza dalla nostra mentalità artificiosa. Anche a costo di metterci in crisi, di costringerci a combattere con noi stessi per far cadere la maschera che ci soffoca.

> In noi c'è qualcosa di **speciale**, un'**essenza**, un'energia fuori dal tempo.

Non a caso nel pensiero dei maestri sufi o in quello dei filosofi greci, nel buddhismo, nello zen e nell'alchimia, emerge sempre un concetto fondamentale: la vera armonia scaturisce solo dal contrasto, dalla contrapposizione fra due elementi opposti. Quando c'è uniformità, quando la ragione omologa tutto, quando viviamo aderendo a un modello esteriore, l'energia ristagna, e l'onda panica arriva per tentare di spezzare le sbarre della gabbia in cui siamo imprigionati.

Uno stile di vita e di pensiero improntato quasi totalmente alla razionalità ci differenzia in maniera netta da quanto accadeva nelle civiltà antiche, devote a un pantheon di divinità molto variegato: nelle religioni politeistiche (come quelle egiziana, greca e latina) gli dèi, che simbolicamente incarnavano le differenti energie arcaiche della vita, erano presenze quotidiane fondamentali per l'esistenza di ogni individuo, così come per l'armonia della collettività. Le divinità arcaiche avevano la funzione di ricordare agli uomini che anche tra le pieghe banali del quotidiano, così come negli aspetti più "bassi" di noi stessi, brilla sempre una stella misteriosa, alla quale rivolgersi con fiducia per orientarci in ogni frangente. La persona che soffre di panico non riesce a percepire quest'energia e tende a chiudersi all'interno di schemi di vita sempre più asettici, rigidi e artefatti.

> Dietro la **banalità** quotidiana, brilla la stella della nostra **energia vitale**.

L'attacco di panico, allora, non è altro che la spinta travolgente di questa forza sotterranea che ci richiama alla realtà, spazzando via come un'onda impetuosa i nostri castelli di sabbia, quei bastioni artificiali con cui crediamo di arginare l'inconscio. Lo testimoniano e confermano le storie di chi all'improvviso si trova faccia a faccia con la crisi di panico.

Ma com'è possibile "curare" il panico? Questa è la domanda che si pongono tutte le persone che ricorrono alla psicoterapia dopo il fallimento degli psicofarmaci o che si rifiutano di ricorrere agli psicofarmaci perché non credono alla loro validità. Allora è importante comprendere che

> L'onda panica ci travolge per liberare le energie **represse** e **stagnanti**.

vincere il panico significa modificare un atteggiamento mentale ed essere disposti a rimescolare le carte della nostra vita, a ridiscutere il personaggio che siamo diventati, a non farci più ingabbiare dalle consuetudini e dai codici di un vivere sociale che non ci corrisponde più.

Il panico: non un **mostro**, ma l'**espressione** della nostra parte più **vitale** e sana.

L'idea di fondo di questo lavoro è dunque quella di considerare il panico non come un nemico da combattere ma come una manifestazione della nostra parte più vitale e sana, che ci chiede di prenderci cura di noi stessi e di vivere un'esistenza in armonia con la natura profonda di ognuno di noi.

In questo libro il panico verrà affrontato delineandone – oltre che le cause scatenanti – la matrice storica, filosofica e mitologica e inserendolo nel contesto sociale contemporaneo, là dove il disturbo nasce e trova ogni giorno di più un "terreno" adeguato per svilupparsi.

Il tutto in linea con l'esperienza che abbiamo maturato in anni di ricerche e di training clinico nell'ambito dell'Istituto Riza di Medicina Psicosomatica.

CONOSCERE IL PANICO.
L'ENERGIA CHE TI CAMBIA LA VITA

1

IL PANICO NEL CORSO DEI SECOLI

L'attacco di panico è sempre esistito. Ancora oggi però molti non lo codificano come un disturbo specifico e i suoi sintomi, psichici e somatici, sono spesso ricondotti a fenomeni d'ansia. Tuttavia, molti lo classificano come una sindrome acuta e cronica che costituisce, insieme all'ansia e alla depressione, una delle tre maggiori cause di invalidità individuale e sociale.

Nel corso dei secoli filosofi, psicanalisti e studiosi del cervello di scuole, culture e orientamenti diversi lo hanno descritto e ne hanno cercato le cause, interpretandolo in modi differenti.

A partire dagli anni Venti del Novecento l'attacco di panico viene trattato come un disturbo psichiatrico, ma solo negli anni Sessanta e Settanta si è iniziato a studiarlo in modo sistematico. Negli anni Ottanta è stato poi riconosciuto come una categoria clinica a sé.

Qui di seguito presentiamo in sintesi alcuni spunti di riflessione – filosofici e non solo – sul panico.

DALLA DISCORDIA NASCE L'ARMONIA

Secondo Eraclito, è l'opposizione che porta accordo. Dalla discordia trae origine "l'armonia più bella".[1] Diventare consapevoli di

[1] Cfr. fr. 8 DK: "Ciò che è opposto si concilia, dalle cose in contrasto nasce l'armonia più bella, e tutto si genera per via di contesa", in Hermann Diels e Walther Kranz (a cura di), *I presocratici*, Bompiani, Milano 2006.

tutto ciò che siamo è l'unica soluzione: vivere solo in funzione delle regole, di "ciò che dice la gente", delle consuetudini, porta all'imprigionamento dell'energia vitale. Al contrario, saper accettare i contrasti, le contraddizioni e gli opposti, azzera i disagi e permette di arrivare veramente all'armonia interiore.

Attraverso **contraddizioni** e **opposizioni** si arriva alla vera **armonia** interiore.

Simile la visione di Aristotele, che afferma come sia necessario uno sfondo nero per far risaltare il bianco, in quanto fra i due colori vi è contrasto, tensione: il bianco e il nero sono opposti, eppure fra di loro esiste un'armonia nascosta.[2]

Allo stesso modo, non c'è da credere all'equilibrio di una persona che si proclama "buona e virtuosa": se amiamo soltanto e non siamo in grado di odiare o di peccare, il nostro amore sarà privo di valore, non avrà alcuna intensità.

GUARDA IN FACCIA IL BUIO CHE È DENTRO DI TE

Nella *Fenomenologia dello Spirito*, Hegel affronta il tema della coscienza che attraverso contrasti e scissioni, quindi infelicità, angosce e dolore, esce dalla sua individualità e raggiunge l'universalità.

Lo spirito è **forza** solo quando sa guardare in faccia il **negativo** in ognuno di noi.

> La vita bella dello Spirito non è quella che si riempie d'orrore dinanzi alla morte e si preserva integra dal disfacimento e dalla devastazione, ma è quella vita che sopporta la morte e si mantiene in essa ... Lo Spirito è questa potenza solo quando guarda in faccia il negativo e soggiorna presso di esso. Tale soggiorno è il potere magico che converte il negativo nell'essere.[3]

[2] Aristotele, *Fisica*, I 5, 188b.
[3] Georg Wilhelm Friedrich Hegel, *Fenomenologia dello Spirito*, Bompiani, Milano 2000, p. 87.

Svolgendo questa linea di pensiero, la vera forza dello spirito umano starebbe quindi nell'accettare in toto la nostra natura, la mortalità e l'istintualità, anche e soprattutto nelle situazioni in cui ci spaventa, come accade nel caso del panico.

NON "TRADIRE" LA TUA VERA NATURA

Nelle sue opere, Nietzsche fa perno su una visione organica dell'uomo, che vede cioè corpo, anima e intelletto in uno stretto rapporto di influenze e dipendenze reciproche. Compito primario di ogni individuo è la realizzazione creativa della propria indole, del proprio talento, e ogni volta che, in un qualunque modo, questo processo evolutivo e creativo si blocca, esplode l'attacco di panico, prepotente e incontenibile, come a ricordarci che stiamo "tradendo" la nostra natura, anche se fingiamo di non rendercene conto e distogliamo lo sguardo, rivolgendolo verso nuovi orizzonti a noi lontani.

> L'**individuo** deve vivere realizzando il proprio **talento** creativo.

> L'uomo tenta come può di sfuggire non solo al dolore, ma soprattutto al senso del dolore patito. Ponendosi sempre nuovi traguardi, cerca di dimenticare ... Si sottrae anche allo sguardo penetrante e interrogativo che lo osserva dalle profondità del suo dolore, come a voler chiedere: non ti è più facile adesso comprendere la tua esistenza?[4]

Ed è proprio a causa di questa fuga dal dolore che l'angoscia si trasforma in panico... Sì, l'errore più grave che l'uomo possa fare è quello di mirare a obiettivi esterni, senza accorgersi dei messaggi che l'anima gli invia attraverso i disagi. E se un disagio non viene accolto, accettato, in-

> Se il **messaggio** del disagio non viene capito, si produce inutile **sofferenza**.

[4] Friedrich Wilhelm Nietzsche, *Divieni ciò che sei. Pensieri sul coraggio di essere se stessi*, a cura di Mirella Carbone e Joachim Jung, Marinotti, Milano 2006, pp. 29-30.

terpretato e osservato come un messaggio, non può che arrecare cieca e inutile sofferenza. È allora che nella nostra vita fanno irruzione Pan e Dioniso, i signori del panico, portatori di quell'ebbrezza "che aleggia ovunque ci sia concepimento e nascita, e che è tanto sfrenata da potersi sempre trasformare in distruzione e morte".[5]

SMETTI DI GIUDICARE E LA SOFFERENZA SE NE VA

Il fondatore della fenomenologia, Husserl, sostiene che sono proprio i nostri giudizi che ci ingabbiano, facendo esplodere il panico.

Invece, la sospensione del giudizio apre a un'esperienza intensa e sconcertante, nella quale le opposizioni e le scissioni vengono superate in un sentimento che è unione degli opposti.

Questa fase di sospensione del giudizio, che Husserl chiama "epoché", è un metodo per affrontare il panico: solo quando si arriva a osservarlo e ad accoglierlo senza giudizi, senza chiedersi perché si manifesta o quale sia la sua origine, ci si mette nella condizione giusta per superarlo. Se si accetta la sofferenza, se le si va incontro, essa svanisce perché viene meno il suo nutrimento principale, che consiste proprio nel suo rifiuto.

> Se **accetti** la sofferenza la privi di ciò che la alimenta, ed essa **svanisce**.

TROVA LA FORZA IN TE STESSO

Per Freud il pericolo che scatena quello che oggi definiamo "panico" è la separazione: il bambino staccato dalla madre si trova in una situazione di "impotenza".

Si tratta in realtà di qualcosa di più radicale di una mancanza di sostegno, di non saper più da che parte girarsi per avere aiuto, dell'assenza di qualsiasi appiglio. Il bambino, senza l'ap-

[5] Friedrich Nietzsche, *La nascita della tragedia*, Adelphi, Milano 2000, p. 112.

poggio della madre, non può sottrarsi alla pressione dei bisogni che lo travolgono e lo gettano in uno stato che non è improprio, per l'appunto, definire di panico. Quando, una volta adulti, percepiamo la vita come ingovernabile, incontrollabile... ecco allora che si verifica il crollo di ogni difesa e si viene investiti e travolti dal panico.

In questo senso l'attacco di panico può essere definito come lo stato d'animo di inadeguatezza che coglie l'individuo quando, venuti meno i legami affettivi con il gruppo famigliare o sociale primario, comincia a dover pensare da solo a se stesso; dovendo affrontare i "pericoli" della vita in maniera autonoma, il soggetto può essere portato a vederli più grandi di quanto non siano in realtà, e per questo viene travolto dal timore di non essere all'altezza.

È L'ENERGIA CHE TI AIUTA A RINASCERE

Per Jung l'uomo, spinto da un'eccessiva razionalità o da una tendenza a sviluppare unilateralmente la propria personalità, è portato a negare o a minimizzare il suo lato più naturale e a reprimere la sua istintualità biologica, mentendo di fatto a se stesso. L'attacco di panico può quindi essere considerato come una vera e propria porta verso ciò che Jung chiama il "Sé", cioè verso una comprensione e un'accettazione più ampia di se stessi.

> La "**follia**" consapevole attiva importanti **forze** interiori che erano dimenticate o **nascoste**.

La risoluzione dei casi di panico segue spesso la via di questa "follia" consapevole, con l'attivazione di parti di personalità dimenticate o nascoste, ma sicuramente vicine a noi e potentemente creative.

Ecco cosa scrive Jung:

> Un "sì" incondizionato a ciò che è, senza proteste soggettive; l'accettazione delle condizioni dell'esistenza così come le vedo e le intendo; l'accettazione della mia stessa essenza, proprio come essa

è ... In tal modo forgiamo un io che non si spezza quando accadono cose incomprensibili; un io che regge, che sopporta la verità, e che è capace di far fronte al mondo e al destino.[6]

Jung sostiene che non è fuggendo dal sintomo o cercando di metterlo a tacere attraverso i farmaci, che possiamo riuscire a risolvere il disagio. Questo non significa che chi soffre di panico debba essere condannato a stare male per tutta la vita: di fatto, però, il superamento del panico apre un varco enorme verso una rivoluzione radicale del modo di essere e di vivere.

> Non serve fuggire o **zittire** i sintomi con i **farmaci**: il disagio non è risolto.

LA SCUOLA COGNITIVO-COMPORTAMENTALE

Quando la percezione della realtà è distorta

La psicoterapia cognitivo-comportamentale (Cognitive-behavioural therapy, CBT) è attualmente considerata a livello internazionale uno dei modelli più affidabili ed efficaci per la comprensione e il trattamento dell'ansia e del panico, così come attestano recenti documenti dell'Organizzazione mondiale della sanità (OMS) e dell'Istituto superiore di sanità (ISS).

Tale approccio considera la complessa relazione tra emozioni, pensieri e comportamenti, evidenziando come i problemi emotivi siano in gran parte il prodotto della rappresentazione soggettiva della realtà. Ciò significa che non sarebbero gli eventi a creare e mantenere i problemi psicologici, emotivi e di comportamento, ma questi verrebbero piuttosto influenzati dalle strutture e costruzioni "cognitive" dell'individuo, mediante le quali egli in-

> I **problemi emotivi** in gran parte derivano dalla **rappresentazione soggettiva** della realtà.

[6] Carl Gustav Jung, *Ricordi, sogni, riflessioni*, Rizzoli, Milano 2010, pp. 352-353.

terpreta e vive il mondo (concetto già noto ai tempi del filosofo stoico Epitteto).

Perciò la psicoterapia cognitivo-comportamentale si propone di aiutare i pazienti a individuare i pensieri ricorrenti e gli schemi distorti di ragionamento e d'interpretazione della realtà, al fine di sostituirli e/o integrarli con convinzioni più funzionali.

Il terapeuta cognitivo-comportamentale aiuta il soggetto a superare la paura legata al panico attraverso tecniche mirate, esercizi di respirazione e "ginnastiche" di rilassamento. In quest'ottica rientra anche l'attività dei gruppi di auto-aiuto, che permettono di condividere il problema del panico con altri che ne soffrono o ne hanno sofferto: in questo modo i pazienti diventano protagonisti del proprio percorso verso la guarigione.

IL BUDDHISMO

"Lascia cadere" gli schemi della mente

Secondo il pensiero buddhista, per superare ansia e panico occorre "lasciar cadere" la mente, con tutto il suo bagaglio di convinzioni, di ambizioni e di reazioni.

> Per il buddhismo, occorre "**lasciar cadere**" la mente con le sue **zavorre**.

Ecco una storia zen.

> Un ricco mercante si recò un giorno dal Buddha. "Dimmi che cosa devo fare per ottenere la liberazione dal dolore" gli domandò offrendogli un vaso d'argento.
> Il Buddha gli rispose: "Lascialo cadere".
> L'uomo lasciò cadere a terra il vaso.
> Poiché il Buddha si era fatto silenzioso, il visitatore gli ripeté la domanda e, questa volta, gli offrì un piatto d'oro. "Che cosa devo fare per raggiungere la salvezza?"
> "Lascialo cadere" gli rispose l'Illuminato.
> Il mercante lasciò cadere a terra il piatto.
> Poi, visto che non gli veniva data altra indicazione, ripeté la richiesta, porgendo il dono più prezioso che aveva: un diamante.

Il Buddha gli rispose: "Lascialo cadere". L'uomo pensò di essere stato preso in giro.
Indignato, si alzò di scatto per andarsene. Fatto qualche passo, si voltò a dare un ultimo sguardo al Buddha. E questi gli disse: "Lascialo cadere".
All'improvviso il mercante capì: doveva lasciar cadere il pensiero che la liberazione dal dolore si potesse "comprare" con un oggetto prezioso...

Ecco allora che guarire dal panico, liberarsi dal dolore che provoca, significa lasciar cadere preconcetti, obiettivi, schemi mentali...

PER APPROFONDIRE

❖ Meditazione

Da un secolo la scienza tenta di decifrare gli stati di calma vigile e di quiete profonda indotti dalla meditazione, in cui i livelli di attenzione sono alti, ma l'attività mentale è al minimo. Negli anni Sessanta lo psichiatra giapponese Tomo Hirai, studiando i monaci zen, si accorse che nel loro cervello aumentava la regolarità delle onde alfa, soprattutto nelle aree corticali frontali, dando origine a un rilassamento a base biologica: con la pratica meditativa, infatti, si riduce la produzione di neurotrasmettitori e ormoni dello stress (cortisolo, adrenalina, noradrenalina), mentre aumentano melatonina e serotonina, sostanze legate a stati di relax e profondo benessere. Due riviste scientifiche americane, "Stroke" e "American Journal of Cardiology", hanno pubblicato ricerche riguardanti l'effetto benefico della meditazione sulle malattie cardiovascolari, ed è stata inoltre dimostrata una diminuzione della reattività agli stimoli stressanti: tale fatto ha anche effetto su chi soffre di attacchi di panico. Quando ci si concentra sul respiro o sulla ripetizione di un mantra (un suono, una preghiera in grado di liberare la mente) si attivano prevalentemente le aree corticali dell'attenzione. Quando invece si passa a una meditazione più profonda di silenzio interno compaiono le onde teta: quelle di un cervello tranquillo, non stressato.

2

LE DIVINITÀ DEL PANICO

In ognuno di noi c'è un'energia profonda che, attraverso il panico, cerca di scuoterci per farci uscire dalla gabbia delle intenzioni e dei progetti. È una forza potente, istintiva e travolgente, che vuole toglierci le maschere che ci ostiniamo a indossare. In effetti, nel panico agisce la medesima energia che anima tutto ciò che vive: la forza tellurica della Madre Terra, origine di tutte le cose. È un'energia che gli antichi connotavano come arcaica e alla quale attribuivano caratteristiche divine.

> Il panico scuote le **sbarre** della nostra gabbia di **intenzioni** e **progetti**.

Nella cultura greca e poi in quella latina, tutte le emozioni, le virtù o i vizi, le capacità o le debolezze degli uomini venivano rappresentati attraverso specifiche divinità. Gli antichi non giudicavano mai le emozioni e i sentimenti, ma vivevano in comunione profonda con se stessi e con queste forze (incarnate dalle divinità), con le quali dialogavano, litigavano, si confrontavano, e dalle quali si lasciavano guidare nei momenti di incertezza e di fragilità. Pregando un dio, gli antichi contattavano le parti profonde di se stessi rappresentate da quella divinità.

> Con la **preghiera** gli antichi contattavano le **parti profonde** di se stessi.

GLI DÈI PRINCIPALI E I LORO SIMBOLI

Così, da un'analisi dell'Olimpo greco possiamo scoprire, per esempio, che Afrodite (la Venere latina) era simbolo di seduzione, che Ermes (Mercurio) incarnava l'astuzia, mentre Zeus (Giove) rappresentava l'attitudine al comando e la capacità di governo e di pianificazione direttiva. Tra le divinità dell'antica mitologia greca e romana Venere, Atena e Vesta sono quelle che meglio riassumono l'energia femminile dei primordi, che chi soffre di panico deve ritrovare per riportare in equilibrio la propria vita. Ognuna di queste divinità rappresenta infatti una "forza", una particolare virtù che in genere manca o è affievolita nella persona che soffre di panico.

In particolare, Venere rappresenta la capacità di seduzione, l'istintività, la flessibilità, l'intuito (chi è vittima del panico di solito è rigido, razionale, severo); Atena è simbolo di equilibrio, saggezza e lungimiranza (nel panico spesso si è parziali, impazienti e giudicanti); mentre Vesta è l'emblema dell'accoglienza, della protezione e della ricettività (la persona che soffre di panico non è mai cedevole, ma vive la sua esistenza nella paura e nel sospetto).

Intorno a queste divinità più note, esistono poi dei personaggi "minori" ma non per questo meno importanti sotto il profilo simbolico e psicologico: uno di questi è Pan, l'incarnazione di questa forza che scuote e travolge.

PAN, IL DIO DELLE SELVE E DELL'INCONSCIO

La radice etimologica della parola "panico" rimanda a Pan, l'errabondo dio, signore delle selve, che incuteva ai profanatori dei boschi una paura distruttiva e immobilizzante.

> L'etimologia del termine "**panico**" risale al nome del **dio greco** Pan.

La parola *panikòs* (che discende dalla radice *pan*, "tutto", secondo un'interpretazione del nome di Pan) traduce proprio questa forma di terrore totalizzante, irrazionale e paralizzante, che coglie di sorpresa e invade la mente e il corpo in modo incontrollabile: una tempesta emotiva che esplode senza giustificazione e trascina la persona in un "attimo d'infinito", in cui il soggetto si affaccia suo malgrado su una dimensione illimitata, sovrumana e fuori dal tempo.

La simbologia legata a Pan, in effetti, ha moltissimi punti di contatto con le cause e le manifestazioni dell'attacco di panico, così come oggi viene inteso da chi si occupa di questa patologia.

Nella selva di Pan la **ragione** si perde e il **cuore** si risveglia alla vita.

Prima di tutto, Pan vive nella selva: un luogo oscuro dove la ragione si perde e il cuore, a volte, si risveglia alla vita. Nella simbologia antica, la razionalità è simboleggiata dal giardino, l'inconscio è la selva incolta.

Il primo è un ambito circoscritto e recintato, in cui alberi, fiori ed erbe crescono in spazi predeterminati e sono irrigati, curati, potati con ordine secondo le regole della coltivazione. Al di fuori del giardino urbano invece la vegetazione comincia a crescere disordinata, seguendo solo la legge della natura, che non privilegia l'orchidea rispetto all'edera, la margherita nei confronti dell'ortica. Ancora più in là c'è il bosco oscuro, dominio di pulsione e istinto, inseguimento, fuga, eros e morte. Non a caso James Hillman, nel suo *Saggio su Pan*, afferma proprio che "il mito greco pose Pan come dio della natura"[1] e che questo dio "è tuttora vivo, anche se lo sperimentiamo soltanto attraverso dei disturbi psicopatologici, poiché gli altri suoi modi di manifestarsi sono andati perduti nella nostra cultura".[2] Sempre secondo Hillman, "La visione panica dell'uomo dice che anche l'uomo è pura natura, e che anche in lui risiedono le eruzioni vulcaniche, gli attacchi e i tifoni distruttivi".[3]

La crescente incidenza degli attacchi di panico nella nostra so-

[1] James Hillman, *Saggio su Pan*, Adelphi, Milano 2006, p. 49.
[2] Ivi, p. 47.
[3] Ivi, p. 132.

cietà, dominata dall'esigenza di avere sempre tutto sotto controllo, rivela proprio questa incapacità di lasciarsi andare, la refrattarietà nei confronti dell'ebbrezza della sana follia di cui il dio delle selve è l'ambasciatore. Ma Pan, se non viene ascoltato e riconosciuto, si vendica. Facendoci stare male.

Pan che osserva di nascosto simboleggia una **dimensione segreta** presente nelle azioni umane.

Pan è anche "colui che guarda", che scruta da dietro una siepe o un albero, è il simbolo dell'istinto che silenziosamente vigila sulle azioni degli uomini, prima di esplodere con tutta la sua energia dirompente.

La presenza di Pan nella nostra psiche è quindi di vitale importanza, e Hillman ricorda anche che Plutarco, il filosofo e storico greco vissuto duemila anni fa, racconta nel *Tramonto degli oracoli* come il marinaio Tamo avesse udito delle voci misteriose in mare aperto annunciare che il grande Pan era morto. L'espressione "il grande Pan è morto" è in seguito diventata una metafora che indica la fine di una società, il tramonto di un certo modo di essere e di vivere. Questo concetto, trasferito sul piano individuale, significa che quando Pan muore con lui tramonta il mondo antico degli istinti e della beata vita arcadica: la morte di Pan e la sua negazione come forza viva e presente all'interno di ogni uomo ci dicono che la natura è stata privata della sua voce creativa, che ha perso la forza di parlarci e sembra aver così rinunciato alla sua funzione.

Pan è **morto**: la voce creativa della **natura** è **ammutolita**...

Il nostro lato oscuro

La selva di Pan (che di fatto è il simbolo dell'universo, *pan*, il tutto che comprende il cosmo e tutte le creature) è anche un luogo di energie primordiali, poiché accoglie in sé l'eterno divenire del mondo. Bonificando la selva con l'idea di creare un ambiente più controllabile e civilizzato, l'uomo la allontana dalla propria coscienza. Per dominare l'ambiente naturale, l'essere umano se ne distacca sia fisicamente sia spiritualmente e ne teme il ritorno, con le sue insidie e i suoi misteri. Il mondo ha perduto le dimore di Pan, i boschi, le montagne sacre; e le loro antiche energie sono sprofondate negli abissi della memoria. Al posto del grande Pan vi è il suo rimpianto e gli istinti sempre in agguato oltre il dominio della ragione, che tenta in ogni modo di metterli a tacere.

I **luoghi sacri** di Pan sono ormai **deserti**, silenziosi e dimenticati. La **natura**, soggiogata, è **muta** per gli uomini.

Eppure in questo bosco lontano dalla città civilizzata e governata dalle leggi degli uomini, come scrive il poeta inglese John Milton, un genio impercettibile suona dall'alto o dal profondo della terra una musica destinata ai migliori dei mortali.

Questo genio è Pan, dio agreste che regala vitalità con il suo flauto, una vitalità che è soprattutto pulsione sessuale. Pan, in effetti, è un dio con una forte connotazione erotica, e amava sia donne sia uomini (è una divinità bisessuale) proprio perché la carica sessuale è la base del sapere, dell'arte, della scienza. Non a caso, il secondo significato simbolico di Pan è collegato ai concetti di eccesso e di estasi. Pan per sua natura devasta i sensi: quando si manifesta tutto quello che si è sempre ipotizzato come giusto a livello razionale viene smontato dall'istinto in maniera travolgente. Pan non si può far strada gradatamente nell'uomo, ma lo riconduce alla sua natura divina, sconvolgendolo nel profondo. Per questo motivo "l'attacco di panico" cioè "l'attacco di Pan", rappresenta la coscienza umana che cede davanti all'agguato dell'istinto. L'attacco di panico arriva perché aspiriamo a un'idea di "giusto, ma per il dio Pan giusto e sbagliato non esistono. Pan è anche l'istinto animalesco: è un dio potente e selvag-

Cerchiamo ciò che è "giusto" secondo regole e valori: ma per il dio Pan non c'è **giusto** o **sbagliato**.

gio, raffigurato con zampe irsute, corna caprine e zoccoli, mentre il busto è umano, il volto barbuto dall'espressione sarcastica.

Eppure è proprio quest'animale, per sua natura sporco, libidinoso, depravato, sfrenato e artefice di tutti i peccati, che costituisce il centro di tutte le manifestazioni che portano alla realizzazione di se stessi. E non ha nemmeno una precisa connotazione sessuale, visto che fonde dentro di sé tratti istintivi tipicamente femminili e un'irruenza fisica squisitamente maschile.

PER APPROFONDIRE

❖ Identikit di Pan

CHI È: figlio di Mercurio e di Driope, ninfa delle querce, Pan è la divinità greca della pastorizia. Secondo l'inno omerico, la madre, spaventata dal suo aspetto terrificante, lo abbandona subito dopo la nascita; il padre Mercurio, impietosito, dopo averlo avvolto in una pelle di lepre lo conduce sull'Olimpo per far divertire gli dèi, e qui il piccolo Pan diventa subito il pupillo di Dioniso e assurge al rango di divinità. Un altro mito vuole che Pan sia figlio di Penelope, la moglie di Odisseo, e di tutti i suoi pretendenti, con cui la donna avrebbe avuto rapporti promiscui in attesa del marito.

DOVE VIVE: creatura silvana agilissima ma d'aspetto sgradevole e indole dispettosa, Pan vive in luoghi selvaggi – come le cime dei monti, i boschi e le radure dell'Arcadia – dove pascola le greggi e alleva le api, ed è famoso per la passionalità inesauribile che lo porta a terrorizzare le ninfe che abitano i boschi, con le quali cerca costantemente di accoppiarsi.
Il mito narra che un giorno il dio cercava di sedurre la ninfa Siringa e questa, per sfuggirgli, si trasformò in un cespuglio di canne palustri. Pan cercò di ghermirla, ma si rese conto di avere tra le braccia solo un fascio di giunchi. Soffiandovi dentro scoprì che le canne risuonavano: le legò insieme e così creò un flauto che prese nome di "siringa" o "flauto di Pan", che da allora è usato dal dio per consolarsi del perduto amore.

COSA FA: perché i quattromila guerrieri della piccola *polis* di Atene, impegnati contro un milione di Persiani agguerriti durante la battaglia di Maratona nel 490 a.C. chiedono aiuto proprio a Pan? Perché il panico, che solo questo dio sa scatenare, è repentino e induce i soldati dell'esercito avversario a una fuga rovinosa. In preda al terrore, infatti, i Persiani credono di vedere nemici ovunque e non si accorgono della presenza di Pan, che si aggira tra i militari in uniforme da soldato, con le zampe caprine nascoste dai gambali e le corna coperte dall'elmo. A proposito di "terror panico", anche Pausania scrive che i Galli, scesi nel Peloponneso per conquistare la Grecia, quando scorsero nel tempio di Delfi una statua di Pan rimasero così sconvolti che si diedero alla fuga. Come Pan può far perdere, così può anche far vincere, trasformando la paura in coraggio. Infatti, per rincuorare gli Ateniesi a Maratona suona il suo armonioso flauto a sette canne e ne placa gli animi, rasserenandoli ed esortandoli al coraggio prima dello scontro finale. Quest'usanza di suonare prima delle battaglie era diffusa presso varie popolazioni: ne resta traccia nella cornamusa degli scozzesi, che anticamente era considerata strumento di guerra; nelle trombe di conchiglia con cui in Melanesia si richiamano i soldati; negli strumenti a percussione che in Africa come in Giappone seguono l'esercito e allontanano il panico collettivo.

3

LA VISIONE PSICOSOMATICA

Recita un antico proverbio cinese: "Se hai delle forze e non le usi, prima o poi ti si rivolteranno contro".

Proprio questo succede nel disturbo da attacco di panico: una forza troppo a lungo repressa ci si "scaraventa" contro come un'enorme onda oceanica.

Quest'onda energetica esasperata si esprime attraverso l'attacco di panico, che ci dà la sensazione di soffocare e di morire, anche se in realtà la violenza con la quale il DAP ci investe è un potente e salutare richiamo alla vita.

Se a furia di controllare le nostre reazioni, di mostrarci "ragionevoli" di fronte alle difficoltà, di evitare i coinvolgimenti emotivi, ci costringiamo a vivere un'esistenza in bianco e nero, l'attacco di panico, con la sua forza irresistibile, è già in agguato.

> Nell'esistenza "**in bianco e nero**" l'attacco di panico è già **in agguato**.

Succede a molte persone, che sono sempre state pacate, posate e tranquille e che, in mezzo alla folla di un supermercato o nella ressa di un autobus nell'ora di punta, si sentono di punto in bianco mancare il respiro, iniziano a sudare, mentre il cuore batte all'impazzata, le gambe non reggono più... Dopo il primo attimo di sbandamento, di cui spesso si vergogna, la persona colpita dal DAP[1] cerca di reagire, di mo-

[1] Acronimo che sta per "disturbo da attacchi di panico".

strarsi forte, di combattere, di mettere a tacere il panico, magari rivolgendosi al medico e chiedendogli una pillola per guarire e per buttarsi il problema alle spalle.

UNA PERFEZIONE CHE ANNIENTA

"Quando ho visto che gli attacchi invece si ripetevano, sempre più forti, sono scivolata nella disperazione" racconta Alessandra, un'addetta marketing di 30 anni "tristemente sposata" (queste sono le sue parole) con un uomo che non ama più e madre di una bambina che le dà "solo problemi": dopo la sua nascita, infatti, la donna ha lasciato il lavoro e si è "rassegnata" a fare la mamma a tempo pieno.

Alessandra è una donna che ha convissuto col panico per un anno e mezzo finché, con l'aiuto della psicoterapia, ha compreso che quella forza così travolgente era un richiamo, un invito a modificare una vita che ormai per lei aveva perso senso. Come un'onda anomala che si solleva all'improvviso dal mare e scaraventa la sua energia contro gli scogli quando nessuno se lo aspetta, il panico giunge per riportare vita e calore là dove l'emotività è stata bandita, dove i ritmi vitali si sono congelati, dove le regole hanno avuto la meglio sulla spontaneità e gli impulsi sono stati ingabbiati dall'autocontrollo.

> Il panico riporta vita e **calore** là dove l'**emotività** è stata **bandita**.

Così stava succedendo ad Alessandra, che all'inizio della malattia è caduta nell'errore che commettiamo tutti (o quasi): quando sentiamo che il panico si avvicina, quando ne scorgiamo in lontananza l'onda che diventa sempre più maestosa e imponente, invece di assecondarlo ci ostiniamo a mantenere, con tutte le forze di cui siamo capaci, la nostra calma piatta. Perché riteniamo – a torto – che questa sia la medicina migliore per vincere il panico.

L'immobilismo mentale fa ammalare

Una notte, mentre è travolta dai pensieri ossessivi che ormai da mesi le impediscono di prendere sonno, Alessandra inizia a sudare e ha una violenta crisi respiratoria.

Suo marito, che le dorme accanto, non si accorge di nulla, ma lei ha la netta sensazione di morire. L'attacco di panico rappresenta per Alessandra una ribellione, una protesta contro quell'equilibrio forzato che, come una gabbia, rischia di soffocare la nostra energia vitale, blocca il respiro, accelera il battito cardiaco, fa girare la testa e crea il caos dentro di noi per costringerci a uscire dalla prigione dorata della nostra perfezione, nella quale conduciamo una vita da automi.

Perché chi soffre di panico in genere si dichiara perfetto così com'è, è convinto di non dover cambiare nulla della propria vita e sostiene che sta comportandosi nel solo modo che gli è possibile.

> Il panico **scuote** chi crede di non dovere o potere cambiare **nulla** nella propria vita.

Spesso è la troppa paura a farci pensare e vivere così... È il timore di essere fuori posto, di non seguire l'etichetta, di tradire le aspettative, di non essere giudicati bene, di commettere un errore o forse un peccato... Ma questo atteggiamento rigido e ostinato alimenta solo la ripetitività e la tendenza a diventare sterili e fragili.

Un simile modo di vivere, in realtà, nasconde timori inconfessati nei confronti della vita che, da un momento all'altro, potrebbe metterci di fronte a colpi di scena e a ingestibili imprevisti... Così, ci si affanna a "tappare" tutte le possibili falle, a bloccare tutte le vie d'uscita, a barricarsi dentro un'inespugnabile torre d'avorio, comprimendo dentro di sé l'energia vitale a tal punto che soltanto la crisi di panico – proprio come lo scatto di una molla troppo compressa – può liberarla all'esterno e farla circolare di nuovo. Per tale motivo, la crisi di panico richiama simbolicamente anche la forza esplosiva dell'orgasmo, un'energia che lascia intravedere come anche dietro un evento debilitante in realtà si nascondano forze inespresse, gesti mai compiuti, desideri non soddisfatti che vengono a galla e si esprimono nella crisi. Inoltre, il panico racconta di un'altra grande paura: quella di sentirsi liberi, di essere davvero ciò che si è, di non dover sottostare a nessuno schema, di poter fare e affermare quello che ci passa per la mente in quell'istante, senza dover sottostare all'opinione altrui.

> Abbiamo molta paura della **libertà**, di essere davvero noi stessi, di liberarci dagli **schemi**.

Questo senso di libertà può essere vissuto come una trappola, una tentazione dalla quale difendersi preferendo una vita che procede su binari consueti, svolgendosi in una sequenza di abitudini che rassicurano e anestetizzano l'angoscia della libertà. Ma la vita non è questo! E il panico arriva a ricordarcelo, senza via di scampo. Così, dopo la violenta crisi respiratoria di quella notte, Alessandra decide di gettare via gli ansiolitici che le aveva prescritto il medico, e cerca di "aprirsi" con Luisa, un'amica che la conosce da quando era bambina: Luisa l'ascolta, le fa da "specchio" e, poco alla volta, aiuta Alessandra a guardare in faccia una realtà che le andava stretta. Le verità che emergono dai colloqui tra le due amiche sono molte e tutte dolorose: Alessandra deve ammettere di non amare più suo marito, anche se comunque si sente responsabile di sua figlia, con la quale ha sempre coltivato un rapporto sbagliato, come se la bambina fosse un ostacolo alla sua realizzazione come donna e come professionista.

> In un'esistenza indirizzata sui binari dell'**abitudine**, la libertà è un nemico o una **tentazione**.

Parlando con Luisa, Alessandra diventa finalmente sincera con se stessa e confessa di non "sopportare" più né il marito né la figlia. Poco alla volta, anche con il supporto di uno psicoterapeuta, la donna inizia ad affrontare il rapporto con il marito, trova il coraggio di dirgli che non prova più i sentimenti, l'amore di un tempo, e che vorrebbe separarsi; trova anche più tempo per stare con sua figlia, per ascoltarla, per non viverla più come un "impiccio" ma come una persona tutta da scoprire...

Recuperando finalmente un rapporto sano e sincero con i suoi due interlocutori, Alessandra ritrova finalmente se stessa, e inizia a vivere in modo vero, sincero, non "mascherato". E gli attacchi di panico iniziano a diradarsi...

Il panico arriva per salvarti

Dopo aver riconosciuto con l'amica Luisa quello che provava veramente dentro di sé, Alessandra ha notato che le crisi iniziavano a farsi meno frequenti. Il disturbo ha assunto una forma diversa: Alessandra non ha più fame e soffre di continui capogiri, "come quando ci si sveglia la mattina dopo una sbornia". È questo lo strascico che il panico lascia dietro di sé, perché se non utilizziamo l'energia vitale di cui disponiamo, essa ci si rivolta contro. Non più disposta a farsi reprimere in silenzio, la forza che noi soffochiamo ci soffoca a sua volta.

> La nostra stessa energia vitale ci **si rivolta** contro: la forza che soffochiamo **ci soffoca**.

Il panico arriva quindi a salvarci quando non esistiamo più, quando nella vita abbiamo imboccato una strada che ci ha portato così lontano da noi stessi da farci diventare dei fantocci, dei personaggi falsi, inutili e a volte addirittura dannosi. Non è facile accorgersi di questa valenza "salvifica" del panico, soprattutto quando il nostro modo di essere corrisponde alle aspettative degli altri e si conforma alla perfezione a uno stile di vita considerato "vincente". I candidati più a rischio di panico sono infatti gli individui, come Alessandra, che danno sempre il massimo, che non vengono mai colti in fallo, che sono sicuri di se stessi e della loro bravura, che sanno controllare i propri bisogni e, per

> Hai sempre **ragione**, sei sicuro del fatto tuo, non potresti fare altro? **Attento** al panico!

paura di lasciarsi andare, rifuggono da esperienze a elevata intensità emotiva (l'innamoramento, la passione sportiva, tutte le situazioni trasgressive o insolite), vincolando anche l'eros a prestazioni sempre più veloci, "efficienti" e asettiche.

Come alibi per perpetuare uno stile di vita congelato, queste persone si convincono di "essere fatte così" e di non saper cambiare, anzi: di non *poter* cambiare.

Il timore del cambiamento si associa allora a quello della libertà, duramente sacrificata sull'altare del "dover essere": la paura di diventare veramente protagonisti della propria vita, di potersi esprimere senza forzature, comprime l'energia vitale a tal punto che solo la crisi di panico può farla circolare di nuovo.

Alessandra non ha più voglia di mangiare, e questo è il sintomo che paradossalmente rivela che è sulla via della guarigione: non vuole più nutrire la sua "vecchia" forma, che di tanto in tanto torna a farsi sentire attraverso i capogiri, disturbi che rivelano il conflitto tra due correnti interiori, tra la vecchia e la nuova Alessandra, che sta faticosamente venendo allo scoperto. Ecco perché, poco alla volta, Alessandra inizia a considerare positiva la comparsa degli attacchi di panico: perché se da un lato hanno generato in lei insicurezza e stress, dall'altro l'hanno spinta a un ascolto più attento della sua interiorità, l'hanno aiutata a smantellare le strutture della gabbia in cui si era rinchiusa, a eliminare i fardelli che appesantivano la sua esistenza. Nonostante la sua violenza, un attacco di panico rappresenta una ribellione "sana", che ci spinge a ritrovare il piacere di vivere, a cercare un appagamento esistenziale in tutto ciò che facciamo.

> Una "sana" **ribellione** ci spinge a ritrovare piacere e **appagamento** in ciò che facciamo.

A questo proposito, non è un caso che colpisca soprattutto le donne che, rispetto agli uomini, hanno una sensibilità più spiccata e percepiscono più chiaramente se si è creato un conflitto tra la loro naturale inclinazione e il ruolo che si trovano a interpretare nella vita. Guarire dal panico, quindi, non significa soltanto non essere più in balia dei suoi attacchi, ma smetterla di vivere "contromano" e ritrovare il piacere e la gioia che la vita, se assecondata, ci dispensa ogni giorno. Per questo molti dei pazienti che sono guariti rifiutando ogni intervento farmacologico a posteriori identificano nell'incontro con il panico, e quindi con il dio Pan, il momento cruciale che li ha orientati verso un'esistenza finalmente vera, autentica.

> L'**incontro** con Pan ti orienta verso un'**esistenza vera**, più autentica.

Il potere liberatorio delle emozioni

Noi viviamo perennemente rivolti al raggiungimento di certe mete, il più delle volte superficiali e limitate: il successo, il denaro, il divertimento, uno status sociale prestigioso e sicuro... Siamo convinti che questo sia il senso della vita. Oppure, ci consideriamo forti quando riusciamo a "tenere duro", a non farci piegare, a non cedere mai, anche quando le cose non vanno come vorremmo, convinti che con la forza di volontà si possa superare ogni ostacolo, ogni avversità. Pensiamo che il controllo della razionalità e della volontà sui sentimenti e sugli istinti sia una prova di maturità. Cerchiamo gratificazione in frequentazioni che ci facciano sentire speciali, superiori, seguiamo le mode e quello "che va" in un certo momento: non ci sarebbe neanche nulla di male se questi elementi casuali, esteriori non finissero per diventare punti di riferimento fondamentali, valori che devono essere continuamente ribaditi, rinnovati, verificati: purtroppo però queste sovrastrutture fagocitano tutta la nostra vita, che finisce per dipenderne. Per rompere l'assetto esistenziale creato da questo insieme di "presenze" discutibili, di pregiudizi e di illusioni interviene allora il panico, che ha quindi il valore di un acting-out del profondo. La sua funzione di "rottura" è assimilabile a quella delle esperienze "forti" che cambiano, nostro malgrado, la direzione di una vita: un incontro significativo, la nascita di un figlio, la morte di una persona cara, una grave malattia, un cambio radicale di lavoro, tutti eventi che hanno una ricaduta biochimica e sono in grado di trasformarci intimamente, di spezzare i fili che ci legano a un modo di essere vecchio e superato. Esattamente come fa l'attacco di panico, che porta in primo piano sul palcoscenico dell'esistenza il nostro mondo interiore e le nostre emozioni, svincolandoli dai ruoli fissi a cui li abbiamo incatenati.

Tuttavia, occorre fare attenzione: non è necessario che tale processo di "liberazione" si realizzi sempre in modo traumatico. Del resto, ogni tanto, capita a tutti di perdere il controllo e di riscoprirsi impotenti di fronte al flusso dirompente delle emozioni.

A tutti capita di perdere il **controllo**, travolti dalla forza delle **emozioni**.

Succede quando ci innamoriamo a prima vista, quando ci facciamo prendere da un attacco di ilarità nei momenti meno opportuni, quando scoppiamo a piangere senza un motivo, quando facciamo follie, perdiamo la testa... In tutti questi casi diventiamo improvvisamente capaci di vivere in sintonia con le nostre emozioni, smettendo (almeno per un momento) di renderle a tutti i costi consone alle convenienze sociali o alle aspettative degli altri. Solo in questi momenti possiamo essere davvero noi stessi. E anche l'attacco di panico, con la bufera emotiva che porta con sé, ce lo vuole ricordare. Ecco allora che Alessandra trova finalmente la forza di prendere la decisione che aveva a lungo rimandato: chiede la separazione dal marito, confessandogli di non provare più nulla per lui, e riprende a lavorare in una nuova azienda, liberandosi definitivamente di quell'identità un po' stantia di brava madre di famiglia che, così com'era, non le corrispondeva più. In questo modo, la donna è anche riuscita a recuperare il rapporto con la figlia.

Sintomi e **paure**, se **ascoltati**, rivelano il desiderio di **originalità** e novità fuori dagli schemi.

Come osservava lo psichiatra Thomas Szasz, spesso i sintomi e le paure rivelano il nostro desiderio di non diventare come tutti gli altri e di uscire dal branco, svincolandoci dal modello esterno, omologato e banale che la società impone a tutti. Conosciamo così poco il panico eppure ci ostiniamo a temerlo, a cercare di risolverlo, di guarirlo con qualunque mezzo, magari con gli psicofarmaci: non comprendiamo che quando dentro di noi si coagula il panico qualcosa sta parlando, un'intelligenza profonda e sensibile che chiede di venire allo scoperto.

Questa paura di impazzire, di morire, di essere annientati, in realtà potrebbe essere la voce segreta che ci vuole disincagliare dalla palude esistenziale nella quale ci siamo arenati. È come se, attraverso il panico, la nostra creatività cercasse di manifestarsi, trovando un canale d'espressione in una mente troppo chiusa, troppo razionale, troppo organizzata e, per questo, in un certo senso, come morta.

A mano a mano che sta meglio, Alessandra si rende conto di come gli schemi mentali ed esistenziali accettati inconsapevolmente siano stati la vera causa del suo malessere. La guarigione le ha dimostrato che, con l'ascolto di se stessa, con l'aiuto di un'amica e senza psicofarmaci, poteva trasformare la sua voglia di vivere in una vera e propria "medicina" antipanico.

PER APPROFONDIRE

❖ Una storia sufi: "Liberati dai tuoi schemi mentali... e non soffrirai più!".

Un giorno un uomo catturò un uccello.
L'uccello gli disse: "Non posso esserti utile finché sono prigioniero. Liberami e ti darò tre preziosi consigli".
L'uccello promise di dare il primo consiglio ancora nelle mani dell'uomo, il secondo quando avrebbe raggiunto il ramo di un albero e il terzo una volta raggiunta la cima di una collina. L'uomo accettò e l'uccello gli diede il primo consiglio: "Se perdi qualcosa, anche se ci tieni quanto la tua vita, non devi mai rimpiangerlo!".
L'uomo lasciò la presa e l'uccello andò ad appollaiarsi su un ramo. Da qui il volatile gli diede il secondo consiglio: "Non credere mai a cose contrarie al buonsenso senza chiedere prove".
Poi l'uccello volò in cima alla collina, e da qui dichiarò: "Oh, sventurato! Il mio corpo racchiude due enormi gioielli. Se solo mi avessi ucciso, ora sarebbero tuoi!".
L'uomo si tormentò al pensiero di ciò che aveva appena perso e chiese all'uccello: "Dammi almeno il terzo consiglio!".
"Lo sai che sei proprio un idiota?" disse l'uccello, aggiungendo: "Sei ancora qui a chiedermi altri consigli, quando non ti sei nemmeno soffermato per un attimo sui primi due! Ti ho detto di non tormentarti per la perdita di qualcosa e di non prestare fede a cose contrarie al buonsenso. Ed è proprio ciò che stai facendo in questo momento! Ti stai lasciando andare a credere a ridicole assurdità e ti stai tormentando perché hai perso qualcosa! Non vedi che non sono abbastanza grande da contenere due enormi gioielli? Sei uno stupido! Così continuerai a restare imprigionato nei soliti schemi mentali e continuerai a soffrire per il resto della vita!".

4

GLI ASPETTI NEUROFISIOLOGICI

Il disturbo da attacchi di panico è caratterizzato da ricorrenti e brevi episodi di angoscia acuta, che si manifestano in modo inaspettato e senza un apparente legame con eventi minacciosi esterni. La durata di un attacco di panico non supera quasi mai un'ora: in media è di 20-30 minuti, ma per chi lo vive il tempo si dilata e sembra di gran lunga maggiore.

> **Inattesi** episodi di angoscia acuta, senza apparente **legame** con minacce esterne.

Dopo il ripetersi dei primi attacchi, il soggetto comincia a vivere nell'attesa spasmodica che il disturbo possa ripresentarsi, sviluppando comportamenti fobici che poco alla volta diventano fortemente debilitanti per la vita individuale e di relazione. La persona, per esempio, evita i luoghi e le situazioni in cui si è scatenata la crisi, richiede la presenza costante di un'altra persona (che diventa l'inseparabile "accompagnatore" della patologia), non usa l'automobile né i mezzi di trasporto, e alla fine si isola tra le mura protette di casa. I sintomi di natura somatica che accompagnano la crisi sono molteplici: tachicardia, dispnea, forte sudorazione, disturbi viscerali, tremori, formicolio, senso di svenimento, perdita di equilibrio, oppressione al torace. Tra i sintomi psichici si annoverano la paura di perdere il controllo, il timore di impazzire e di morire, spesso accompagnati da senso di irrealtà e sensazione di estraneità da se stessi.

Le anomalie cerebrali e biochimiche

Le ricerche evidenziano che il disturbo di panico può essere associato a una maggiore attività dell'ippocampo e del *locus coeruleus*, parti del cervello che monitorizzano gli stimoli interni ed esterni e controllano la risposta cerebrale. Inoltre, le persone affette da disturbi di panico hanno un aumento di attività nella parte del sistema nervoso, chiamata "sistema adrenergico", che regola funzioni fisiologiche come frequenza cardiaca e temperatura corporea.

Altri studi suggeriscono che le persone affette da disturbo di panico possano avere delle anomalie nei recettori cerebrali delle benzodiazepine, che reagiscono a specifiche sostanze ansiolitiche. Nel condurre queste ricerche, gli scienziati utilizzano molte tecniche differenti per provocare sperimentalmente gli attacchi di panico nelle persone affette dal disturbo. Attualmente il metodo migliore è la somministrazione per via endovenosa di lattato di sodio, lo stesso componente chimico che normalmente si forma nei muscoli durante l'esercizio fisico. Anche la caffeina può scatenare un attacco di panico in persone predisposte: in genere sono necessarie cinque o più tazze di caffè. Anche l'iperventilazione può suscitare attacchi in alcune persone.

La **caffeina** può scatenare un attacco di panico in persone **predisposte**.

Attacchi di panico da anidride carbonica

È noto da anni che piccole quantità di anidride carbonica possono provocare una reazione di panico in alcuni individui predisposti all'ansia. Ciò ha portato alla formulazione della "teoria del falso allarme di soffocamento", secondo la quale attacchi di panico e ansia potrebbero derivare dal malfunzionamento di un sensore biologico sensibile all'anidride carbonica, concepito nell'evoluzione per allertare l'organismo in caso di morte imminente per soffocamento.

Il gruppo di ricerca dell'Academic Anxiety Center dell'Università di Maastricht, nei Paesi Bassi, ha condotto uno studio in volontari sani tramite l'inalazione di quantità crescenti di anidride carbonica.

Sessantaquattro persone hanno eseguito quattro doppie inalazioni di dosi crescenti di anidride carbonica, dallo 0 al 35%, e i risultati sono stati valutati con questionari. I soggetti hanno riferito un'emozione "negativa", strettamente legata alla dose: maggiore è la quantità di anidride carbonica inalata, più forte è la reazione di panico.

Inoltre, i soggetti più anziani hanno mostrato una reazione più debole, come se l'allarme cerebrale si fosse attenuato con l'invecchiamento.

I risultati dello studio conducono all'idea che il panico rappresenti una reazione innata, una lotta per la sopravvivenza di fronte al rischio di morte imminente, come in caso di soffocamento. L'idea che una simile emozione provenga dall'alterazione di una funzione corporea sottolinea ancora una volta lo stretto legame tra condizione fisica e stati mentali.

> L'ipotesi chimica dimentica che il **soffocamento** esprime il **bisogno** di una vita nuova.

L'ipotesi chimica, tuttavia, spiega il meccanismo patologico ma non le cause remote dell'attacco di panico. E dimentica che il soffocamento è, di fatto, esistenziale e che il "bisogno d'aria" è in realtà un bisogno di vita nuova e di rinnovamento.

Il panico: un problema genetico?

Secondo alcune ricerche, il panico potrebbe in parte avere un'origine genetica: si è infatti notato che quando in una famiglia qualcuno è soggetto ad attacchi di ansia o di panico, ci sono alte probabilità che ne soffra anche qualche altro componente.

> Il panico potrebbe in parte avere un'**origine genetica**.

Come responsabile di questa predisposizione biologica, Xavier Estivill e i ricercatori dell'Istituto di biologia medica e molecolare di Barcellona – che nel 2001 hanno pubblicato i loro risultati sulla rivista "New Scientist" – hanno individuato una zona del cromosoma 15, denominata Dup 25, che nelle persone che soffrono di panico appare più grande di almeno due volte rispetto alle dimensioni normali.

In quest'area cromosomica vengono codificate alcune particolari proteine deputate alla comunicazione tra neuroni e, quando ce ne sono troppe, il soggetto diventa più sensibile e reattivo alle situazioni di ansia e di stress. Tuttavia, altri studi condotti sui gemelli omozigoti separati alla nascita e fatti crescere in ambienti culturalmente e educativamente diversi tra loro, hanno evidenziato che un gemello si "ammala" di panico e l'altro no: il che dimostrerebbe che il ruolo più importante nella "trasmissione" del disturbo è dato non tanto (o non solo) da una particolare conformazione del DNA ma piuttosto dallo stile di vita e dal contesto emotivo nei quali una persona si trova a crescere e a vivere.

Panico e cervello

È possibile visualizzare le zone del cervello nelle quali si scatena il panico? Quali sono i mediatori chimici coinvolti e quali le zone cerebrali che entrano in allerta? E che ruolo giocano le emozioni?

> Studi **neurologici** confermano che le **emozioni** aprono la strada all'attacco di panico.

Studi neurologici recenti hanno confermato l'importanza primaria delle emozioni nel preparare il "terreno" all'attacco di panico: si è infatti statisticamente e scientificamente rilevato che, quando le emozioni vengono negate, frenate o tenute sotto controllo per troppo tempo, si genera uno squilibrio dei mediatori neurochimici, e che, in qualche modo, l'esplosione del panico agisce come fenomeno compensatorio, come valvola di sfogo.

Fino a qualche anno fa, questo stato di prostrazione e di "calma piatta" emotiva che aprirebbe la strada agli attacchi di panico veniva trattato con la somministrazione di farmaci a base di serotonina, una sostanza in grado di controllare la depressione e capace di ripristinare un equilibrio psicobiologico attenuando sensibilmente gli stati d'ansia.

Oggi si è tuttavia riscontrato che i meccanismi sono più complessi e che nel fenomeno-panico sono coinvolti altri mediatori neurochimici: per esempio la noradrenalina o il GABA (l'acido gamma-amino-butirrico), deputati a far funzionare l'area limbica del cervello, nella quale si sviluppano le emozioni e viene regolata la formazione della memoria. Sembra che anche le sostanze secrete dal sistema endocrino, e cioè gli ormoni, svolgano un ruolo di primo piano nella genesi del DAP.

Il sistema ormonale, strettamente legato alla sfera sessuale, influisce in maniera profonda sulla sensibilità e sul tono dell'umore: si spiega così il collegamento diretto tra gli istinti inibiti e la sessualità spesso assente, limitata o comunque frustrata tipica delle persone che soffrono di panico.

Chi soffre di panico spesso ha una **sessualità** assente, limitata o **frustrata**.

Dal punto di vista neurovegetativo il panico, proprio come avviene nell'orgasmo, presenta una fase di attivazione "simpatica" che scatena tachicardia, accelerazione del respiro, ipereccitabilità muscolare, aumento dell'irrorazione sanguigna e ipersudorazione. Si arriva così a un tetto, rapido e "drammatico", con sensazione di perdita di ogni punto di riferimento, seguita da una fase di rilassamento e di spossatezza, molto simile a quella che segue l'orgasmo.

Una sensibilizzazione cerebrale "a catena"

Ecco, elencati in una sequenza a tappe, i vari stadi dell'attacco di panico, riscontrati a livello neurovegetativo attraverso l'utilizzo della risonanza magnetica.

1. L'attacco agisce sul sistema limbico. Il cervello durante gli attacchi di panico vive degli sconvolgimenti profondi. La risonanza magnetica ha messo in rilievo come durante l'attacco di panico simulato certe aree cerebrali siano interessate da un surplus di attività neurologica, con una serie di reazioni che si innescano nel cervello impaurito e con l'attivazione del cosiddetto "sistema limbico", uno dei distretti cerebrali più antichi, dove vengono elaborati i segnali emotivi e inconsci.

> La **risonanza magnetica** mostra gli **sconvolgimenti** profondi del cervello durante gli attacchi di panico.

2. Entra in gioco il *locus coeruleus*. Durante l'attacco di panico i neuroni del *locus coeruleus*, un'area situata all'interno del mesencefalo, vengono attivati in modo anomalo. Tutto il sistema nervoso centrale viene così coinvolto "a cascata" nella sensazione di terrore: in particolare i nuclei respiratori, che si trovano nel midollo allungato (noto anche come "ponte") vengono sensibilizzati in maniera errata, così da far credere al cervello di essere in una situazione di soffocamento per mancanza d'ossigeno. La conseguenza immediata e diretta di questa errata stimolazione sono le crisi respiratorie, tipiche di ogni DAP.

> Il sistema nervoso centrale viene coinvolto "**a cascata**" nella sensazione di **terrore**.

A questo stadio, i soggetti particolarmente sensibili all'anidride carbonica possono andare incontro a una crisi improvvisa e imprevedibile. Nelle persone predisposte, infatti, tassi elevati di anidride carbonica respirata allertano i chemiorecettori localizzati nel bulbo cerebrale e inviano impulsi al *locus coeruleus*.

Questo centro, a sua volta, fa scattare immediatamente la vera centralina dell'attacco di panico, rappresentata nel cervello da un organo chiamato "amigdala" (l'organo cerebrale che analizza i pericoli provenienti dall'ambiente esterno e regola la risposta alla paura).

3. L'amigdala suona l'allarme. Quando viene allertata dal *locus coeruleus*, l'amigdala agisce come un interruttore, e manda a tutto il cervello un segnale di emergenza, che bypassa la neocorteccia (dove risiedono le attività "razionali") e si manifesta all'esterno con un vero e proprio attacco di panico, con sintomi ben definiti. A quel punto la persona ha la sensazione fisica precisa che le stia venendo meno il respiro e cerca di trovare una via di fuga per poter respirare a pieni polmoni. A questo terrore di soffocare si accompagnano tremori, sudori freddi, sbalzi pressori, paura di morire, tachicardia: sintomi che non possono essere controllati razionalmente in quanto l'amigdala attiva aree cerebrali che inducono la reazione fisiologica (e non controllabile) della paura.

Panico e orgasmo

L'energia del panico e quella dell'orgasmo non sono solo assimilabili: in realtà, sono due diverse manifestazioni della medesima energia. In entrambi i casi si tratta di una forza interiore, arcaica, capace di modificare profondamente lo stato di coscienza individuale. Essa emerge dal profondo di noi stessi: nell'orgasmo così come nel panico, la componente animale che abita in noi prorompe in tutta la sua potenza.

> Panico e orgasmo sono la **medesima energia** in forme differenti.

Nonostante questa identità, tra panico e orgasmo le differenze sono molte ed evidenti: l'orgasmo è voluto, cercato, l'attacco di panico certamente no. È altrettanto facile comprendere come l'energia panica produca un malessere profondo, l'esatto contrario del piacere sessuale.

> Nell'orgasmo e nel panico si manifesta in tutta la sua **potenza** la nostra componente **animale**.

Infine, se il picco orgasmico dura qualche secondo, un attacco di panico mediamente occupa dai 20 ai 30 minuti.

C'è di più. Nella maggioranza dei casi, chi soffre di panico ha aderito a un modello esterno che gli serve per nascondersi. Ma oggigiorno molti modelli cui fare riferimento, soprattutto nel mondo adulto, sono estremamente "civili", educati, controllati, e soprattutto poco istintivi, scarsamente erotici: secondo questi modelli "perbene", l'eros e l'orgasmo sono qualcosa di "brutto", di "sporco" o di inopportuno, e come tali vanno tenuti sotto controllo o addirittura negati. Quindi è ipotizzabile che l'energia orgasmica inespressa da queste persone molto controllate finisca nell'attacco. Per raggiungere l'orgasmo, infatti, occorre lasciarsi andare, svestirsi della razionalità, abbandonare il più possibile i pensieri ed essere totalmente "immersi" nel presente, nell'atto erotico che si sta consumando: proprio il contrario di quello che fa chi soffre di DAP. Il problema si ingigantisce ulteriormente quando gli attacchi si ripetono spesso: le persone colpite tendono a fuggire dai rapporti, si chiudono in se stesse sperando di sfuggire a nuove crisi.

L'orgasmo richiede l'**immersione** totale nel presente dell'**atto erotico**.

Paradossalmente, comportandosi in questo modo questi soggetti finiscono per peggiorare la situazione, poiché non fanno che rendere ancora più rigido quel controllo contro cui si rivolge, per scardinarlo, l'energia panica.

Panico e paura di volare

In un'era come quella odierna, in cui viaggiare in aereo è ormai un'abitudine (quando non addirittura un obbligo), si osserva un nesso sempre più stretto tra gli attacchi di panico e l'"aviofobia" (nota anche come "aerofobia" o "paura di volare").

Le statistiche confermano infatti che oggi circa un quarto delle persone che prendono l'aereo accusa gravi disagi psicofisici già alla sola idea di dover entrare in un aeroporto, e che in molti casi l'aviofobia convince questi soggetti, se appena è possibile, a scegliere altri mezzi di trasporto.

Nonostante sia ormai risaputo che l'aereo è un mezzo molto più sicuro di altri, per l'uomo (animale terrestre per definizione) librarsi nell'aria è ancora un'esperienza inconsueta: è principalmente questa assenza di familiarità con il volo che determina l'aviofobia.

Per un essere umano **librarsi** in volo è sempre un po' **inquietante**...

La paura di volare può avere una differente intensità, da un lieve disagio in fase di decollo o di atterraggio o durante le turbolenze, fino a un vero e proprio terrore panico, con tutti i suoi sintomi come sudorazione eccessiva, affaticamento respiratorio, tachicardia, spasmi muscolari, nodo in gola.

In genere, alla base del "panico da aereo" vi è una tendenza claustrofobica, per cui la cabina dell'aeromobile viene vissuta come una trappola dalla quale – in caso di pericolo – è impossibile fuggire. Il panico può anche trasmettersi da un viaggiatore all'altro: per questo, alcune compagnie aeree (per esempio la tedesca Lufthansa) organizzano dei seminari per "volare rilassati" nel corso dei quali si apprende come tranquillizzarsi prima del decollo e dell'atterraggio, mettendo in atto delle strategie di superamento della paura (molte basate sulla respirazione) e di prevenzione dell'attacco di panico vero e proprio.

Panico e caldo

Afa costante, alti tassi d'umidità, temperature record, locali chiusi e affollati, con scarso ricambio d'aria, rendono l'estate la stagione ideale per lo sviluppo degli attacchi di panico.

Ad andare in tilt, in condizioni ambientali sempre più proibitive come queste, è l'ipotalamo, una ghiandola situata nel cervello che – tra le sue varie funzioni – ha anche quella di regolare la nostra temperatura interna e la nostra capacità di adattamento a specifiche situazioni climatiche.

Il caldo, tra l'altro, provoca già da solo una serie di sintomi che sono il terreno ideale per l'insorgenza del DAP: sudorazione eccessiva, palpitazioni, "fame d'aria", perdita delle forze, cali di pressione.

Sudorazione, palpitazioni, "fame d'aria", debolezza, cali di pressione: il **caldo** fa da **battistrada** al panico.

Inoltre, in ambienti poco spaziosi (per esempio, in ascensore) o dovunque circoli poca aria, un accumulo di anidride carbonica (dovuto a una respirazione affannosa) può scatenare l'allarme-panico nel cervello.

PER APPROFONDIRE

❖ Una patologia sempre più diffusa: qualche dato statistico

L'OMS (Organizzazione mondiale della sanità) ha definito il disturbo da attacco di panico come una delle patologie più diffuse nel mondo dagli anni Settanta a oggi: attualmente ne soffrirebbe circa l'8% della popolazione nei paesi sviluppati e il 2% della popolazione mondiale. Secondo i dati raccolti nel 2011 dalla Lidap (Lega italiana contro i disturbi d'ansia e panico) emerge che il 4% della popolazione italiana, (circa 2 milioni e mezzo di persone), soprattutto donne, soffre di ansia e attacchi di panico e secondo l'Istituto superiore di sanità (ISS) circa l'11% degli italiani ha sofferto nella sua vita di un disturbo del genere. Fino al 2000 i numeri erano nettamente inferiori...
In America, invece, l'U.S. Department of Health And Human Services nel suo rapporto del 2009 sullo stato di salute degli americani riporta un dato assai allarmante: ansia e panico non risparmiano nemmeno i più giovani e sono disturbi diffusi già in età scolare. Circa il 9% dei giovani americani tra i 18 e i 29 anni soffrirebbe di questi disturbi.

5
L'ATTACCO DI PANICO AI RAGGI X

Il processo dell'attacco di panico si struttura lentamente nel tempo, senza che noi ce ne accorgiamo. Viviamo, ma è come se una parte di noi non potesse esistere, anzi: noi la condanniamo a morire. Infatti quasi sempre chi soffre di panico e si affida a un percorso di psicoterapia racconta di non percepire nulla di particolare nei giorni che precedono la crisi. In seguito, però, facendo più attenzione ai "segnali", realizza che il DAP arriva dopo una serie di ripetute rimozioni, di negazioni della rabbia, di rifiuti della tristezza e della frustrazione: quando si vive troppo a lungo estranei a se stessi, il panico si manifesta. Con una serie di sintomi somatici e psichici ben definiti.

> L'attacco di panico si struttura lentamente, **inavvertitamente**, nella **negazione** di noi stessi.

QUANDO È PANICO?

I requisiti indispensabili

Secondo la medicina ufficiale, perché si possa parlare di DAP sono necessari alcuni requisiti specifici. Per parlare di panico, in particolare, occorre:

- che gli attacchi siano ricorrenti (le statistiche epidemiologiche prendono in considerazione una frequenza di almeno 5-6 episodi all'anno);

- che dopo il primo attacco si provi continua angoscia e preoccupazione che arrivi un nuovo attacco di panico (ansia anticipatoria); tale situazione diventa così una causa di inabilità per il soggetto coinvolto (che, per esempio, ha paura di uscire di casa, non si reca al lavoro e così via) e di percezione di pericolo per la propria incolumità e per quella di chi gli sta intorno (per esempio, una mamma che soffre di panico teme di andare in auto con i figli).

> L'attesa angosciosa di nuovi attacchi è un **tormento** che culmina nella **rinuncia** a vivere.

La durata

La durata di un attacco di panico non supera quasi mai un'ora, in media è di 20-30 minuti, ma al soggetto colpito sembra molto più lunga e il disagio è avvertito come intollerabile.

I sintomi

Non basta un episodio isolato per poter affermare che si soffre di DAP: le crisi devono essere minimamente ripetute e, come abbiamo visto, ognuna deve essere seguita da uno stato d'ansia prolungato per il timore che l'attacco si ripeta. Inoltre il panico è caratterizzato da un quadro sintomatologico estremamente complesso: a oggi infatti sappiamo che i sintomi fisici e psichici del panico sono oltre un centinaio, ma per poter parlare di autentico DAP occorre che se ne presentino almeno quattro. Vediamo quali sono i principali e più diffusi.

Disturbi somatici

- Di tipo cardiocircolatorio: cardiopalmo, tachicardia, palpitazioni, senso di compressione al petto, svenimenti.
- Di tipo gastrointestinale: crampi addominali, colite, nausea.
- Di tipo respiratorio: sensazione di soffocamento, respiro affannoso, asfissia.

- Di tipo epidermico e muscolare: tremori, sudorazione abbondante e improvvisa, spasmi, brividi o vampate di calore, perdita dell'equilibrio, formicolii agli arti, ipercinesi.
- Di natura dolorosa e acustica: cefalea, ronzii nelle orecchie ecc.

Disturbi psichici

- Senso di irrealtà e di distacco da se stessi.
- Paura di perdere il controllo.
- Paura di impazzire.
- Paura di morire: almeno una volta, la prova chiunque soffra di questo disagio.

L'escalation dell'attacco

Abbiamo chiuso ogni strada, bloccato tutte le vie d'uscita, soffocato ogni desiderio, ci siamo assuefatti alle abitudini... Diciamo che tutto va bene eppure, nel profondo di noi stessi, la vita compressa e inutilizzata non si rassegna. Se facciamo attenzione ai segnali che il corpo ci invia, già qualche giorno prima dell'attacco si fa strada una inspiegabile irrequietezza, si è meno concentrati, la testa si fa pesante, il sonno è intermittente come l'appetito...

> I giorni prima di un attacco sono **disseminati** di **segnali**...

È questo il clima emotivo che prepara il terreno all'attacco di panico. Come l'onda di uno tsunami, lo avvistiamo in lontananza, lo vediamo avvicinarsi, ne siamo travolti e trascinati senza scampo, sopraffatti, mentre passa, per poi andare a spegnersi più oltre. In genere, questa è l'escalation che rimane indelebilmente impressa nella memoria di chi riferisce in terapia come si è manifestato il primo attacco di panico: ed è il ricordo di questa "sequenza" che cala la vittima del panico in una situazione di angoscia per i probabili attacchi futuri.

1. Il primo sintomo: sale l'ansia

Un giorno all'improvviso si avverte un'ansia acuta, che affiora senza motivo nel bel mezzo di una situazione quotidiana normalissima (mentre si sta cucinando, in coda allo sportello della banca, al supermercato, in un ristorante, durante una pausa caffè con un collega ecc.). Si inizia a sudare, la vista si annebbia, sembra di avere i capogiri, si trema...

2. La seconda fase: il cuore è come impazzito...

Il cuore inizia a battere all'impazzata, sembra quasi che voglia esplodere, balzar fuori dal petto come quando ci si trova di fronte a un grave e imminente pericolo. Il respiro si fa corto, affannoso, si avvertono i sintomi del soffocamento, mentre il corpo è scosso da tremori.

> Il cuore inizia a battere **all'impazzata**, quasi come se volesse **esplodere** e uscire dal petto.

3. Tutto è perduto: è la paralisi

In breve, tutto il corpo è immobilizzato, pietrificato dal terrore. Non si ha più la percezione del tempo e dello spazio, si teme di cadere o di svenire. Il mondo, tutt'intorno, è percepito come ostile e aggressivo...

4. La fine: si scivola nel baratro

In questo stato di paralisi, emerge netta la sensazione di essere sul punto di morire. Solo dopo un tempo che sembra interminabile i sintomi iniziano ad affievolirsi, fino ad arrivare al blackout totale: lo svenimento.

5. La tempesta è passata: non resta che la stanchezza...

Dopo l'attacco il corpo è spossato, come se ogni fibra muscolare si rilasciasse. Si ha una sensazione di testa svuotata, si fa fatica a stare in piedi e a camminare. L'unico desiderio è quello di rimanere seduti o sdraiati, senza fare nulla, finché il corpo, piano piano, non inizia a riprendersi.

Paura, fobia e ansia sono molto spesso le tappe di un percorso che dalla normalità porta alla patologia. E il passo dall'una all'altra può essere breve, tanto che a volte se ne parla come delle "sorelle" del panico. Paura, fobia e ansia però non vanno confuse con il panico anche se, di fatto, spesso l'attacco d'ansia precede quello di panico, così come il timore che il panico si ripresenti in altre occasioni viene vissuto da chi ne è vittima con un senso profondo di angoscia.

> Paura, fobia e ansia: tappe di un **percorso** dalla normalità alla **patologia**.

Non va dimenticato che l'angoscia, che normalmente si manifesta in maniera episodica, nell'attacco di panico diventa una condizione stabile, che quindi può anche essere qualificata come un episodio di angoscia ciclica e ripetuta. Esaminiamo nel dettaglio le tre "sorelle" del panico.

La paura

È un meccanismo fisiologico di difesa verso qualcosa che ci mette in difficoltà o ci minaccia, come sostenere un esame per il quale non si è studiato abbastanza, essere costretti a parlare in pubblico senza essersi preparati o attraversare da soli al buio una strada in un quartiere malfamato: in questi casi l'emozione che si prova non è panico, ma paura, una reazione sana nella misura in cui ci frena davanti a situazioni di pericolo, vero o presunto.

> La paura è un meccanismo fisiologico di **difesa** da una minaccia, la fobia una **paura incontrollata** ed esagerata.

La fobia

È una forma di paura incontrollata ed esagerata, come per esempio il terrore dei ragni e degli scarafaggi, oppure dei serpenti. I ragni spaventano perché incarnano una parte di noi filogeneticamente molto antica, lontana e "bassa" lungo la scala evolutiva. I rettili, con il loro andamento strisciante, sono ambigui e imprevedibili e scatenano la paura irrazionale dell'ignoto. La fobia è la sensazione irrazionale che certi oggetti o situazioni rappresentino per noi un pericolo mortale: perciò si mettono in atto comportamenti di evitamento o di fuga.

Proprio perché la fobia si manifesta sempre in presenza di un preciso oggetto scatenante, essa è totalmente diversa dal panico.

L'ansia

Fino a non molto tempo fa il panico non veniva considerato un disturbo a sé stante, ma una delle tante e variegate manifestazioni dell'ansia, tanto da essere definito anche "ansia parossistica episodica". Per ansia "parossistica" si intende un episodio di ansia che dura per un lasso di tempo limitato e si conclude in modo spontaneo, ed essendo di tipo "episodico" si manifesta una volta ogni tanto, con frequenza variabile.

L'ansia è una condizione comune a tutti gli esseri umani. Il significato della parola deriva infatti dal verbo latino *angere* (che significa "stringere") e comprende tutte le sensazioni di apprensione, oppressione e nodo alla gola che sono i sintomi principali di questo disturbo e che spesso sono anche accompagnati da tensione muscolare, mancanza di respiro, incapacità di rilassarsi, difficoltà di concentrazione, stanchezza, irritabilità e insonnia.

> "Ansia" deriva dal latino *angere* ("stringere") e l'apprensione ci **stringe** davvero la gola e ci **opprime** il petto.

L'ansia si differenzia dal panico poiché quest'ultimo ha una modalità di manifestazione più violenta e presenta dei sintomi fisici molto più marcati; l'ansia invece fa vivere male, ma non è paralizzante come il panico. Nell'attacco di panico il disagio non è per nulla "strisciante", non è causato da una situazione o da una prospettiva angosciante, né da un ambiente particolare o da una difficoltà; può essere una reazione abnorme a uno stimolo isolato e avere un esordio improvviso (spesso accompagnato da blocco del pensiero razionale e dall'incapacità assoluta di reagire alla situazione), con effetti molto più debilitanti di quelli dell'ansia.

Viceversa, l'ansia può tramutarsi in un disturbo continuo e persistente che debilita in maniera costante la persona che ne soffre: si parla in questi casi di "disturbo d'ansia generalizzato", definendo così clinicamente uno stato di ansia persistente che si protrae da più di sei mesi.

Quando l'ansia si trasforma in panico

L'ansia può tuttavia trasformarsi in un vero e proprio attacco di panico, soprattutto quando si manifesta in maniera prolungata e persistente. Inoltre, il panico può essere a sua volta la conseguenza di altri particolari stati di natura ansiogena: tra questi, l'agorafobia (dal greco "paura della piazza"), ovvero il timore di trovarsi in luoghi affollati e aperti. Con il 10% di incidenza tra la popolazione adulta, e principalmente di sesso femminile, l'agorafobia è la paura più diffusa: la molla è il fatto di trovarsi da soli in mezzo a molta gente, senza possibilità di allontanarsi in tempi rapidi dalla ressa. Chi ne soffre tende a evitare i luoghi aperti e affollati e finisce col restare barricato in casa, rinunciando a una normale vita sociale.

All'opposto esiste la claustrofobia, cioè il timore di restare imprigionati in luoghi chiusi e stretti (come gli ascensori, le sale cinematografiche, le cabine per l'abbronzatura, le apparecchiature per la risonanza magnetica ecc.) o sui mezzi di trasporto (auto, bus, metropolitane, treni e, soprattutto, aerei). Questa sindrome nasconde in realtà il timore di ritrovarsi faccia a faccia con se stessi, prigionieri della propria interiorità.

Il panico da vacanza

Tre le cause insospettabili del panico vi è anche l'idea di dover partire per un viaggio, per esempio in occasione delle vacanze estive. Dietro questa forma particolare di panico vi è, prima di tutto, la paura di partire: di prendere l'aereo, il treno, la nave, mezzi di trasporto che ci "staccano" dalla nostra abituale routine e ci pongono in una situazione di incertezza (il viaggio), priva di appigli e di riferimenti familiari.

Accanto a questo vi è poi il timore di dover frequentare luoghi molto affollati (spiagge, piscine, villaggi vacanze, aeroporti, stazioni ferroviarie, piazze cittadine traboccanti di persone ecc.), oppure chiusi (come le cabine pressurizzate degli aerei, i vagoni stipati di persone dei treni o delle metropolitane, i musei ecc.), dove – soprattutto durante la stagione calda – si ha la sensazione che "manchi l'aria". È evidente che la paura del viaggio e della vacanza, e il rifiuto di partire, mascherano in realtà la paura di andare verso la novità, verso l'ignoto, rinunciando così ai rassicuranti riti quotidiani.

> Il panico da **vacanza** maschera la **paura del nuovo** e dell'ignoto.

Panico e mobbing

Con il termine *mobbing* si identifica una sindrome, nota anche col nome di "mal d'ufficio", che si verifica quando sul luogo di lavoro la persona subisce ripetute molestie psicologiche da parte di superiori e/o colleghi. Il mobbing può comportare calo della produttività, isolamento, emarginazione, a volte dimissioni volontarie o licenziamento, oltre a svariati disturbi psicosomatici. Tra questi sono frequenti gli attacchi di panico, che sono conseguenza di una situazione di costante compressione, di ricatto e di "accerchiamento" psicologico, rispetto ai quali il DAP agisce come una valvola di sfogo.

Non a caso, le vittime tipo del mobbing sono in genere persone sensibili, abituate a dire sempre di sì, oppure – all'opposto – sono soggetti fortemente creativi, obbligati però a vivere in un contesto professionale frustrante, soffocante e opprimente. Il panico è il loro "grido di dolore", una forma di rivolta violenta e incontenibile che indica che è giunto davvero il momento di "cambiare aria".

> Vittime del mobbing sono sia persone sensibili e **concilianti**, sia soggetti fortemente **creativi**.

Panico e dipendenza tecnologica

Ai giorni nostri anche l'indigestione di tecnologia contribuisce a seminare nuovi incubi, che a volte possono sfociare nel panico. Gli strumenti elettronici (cellulari, navigatori satellitari, computer, posta elettronica, Internet, strumenti elettronici di controllo degli elettrodomestici, impianti antifurto ecc.), ai quali deleghiamo compiti sempre maggiori di assistenza e di comunicazione, possono infatti creare situazioni di fortissima ansia: il solo pensiero che ci possano in qualche modo "tradire", ci fa andare nel panico!

> **Dipendiamo** sempre più dagli strumenti **elettronici**: se ci "tradiscono", il panico è in agguato.

Si pensi per esempio all'ossessione della reperibilità e della connessione (telefonino, Internet, e-mail, agenda elettronica), così diffusa tra manager e professionisti: quando restano anche solo per qualche ora "disconnessi" iniziano a stare male, si sentono come perduti e il disagio si acutizza.

L'altra grande forma di panico legata alla tecnologia è quella che riguarda la paura del black-out elettrico generale, che genera buio, silenzio, isolamento e immobilità, tutti elementi che in genere vengono associati al "preludio" dell'attacco di panico.

I grandi e piccoli black-out della vita quotidiana determinano, quindi, una sorta di ansia da isolamento che, se si protrae o si ripete con frequenza, può esplodere in vere e proprie crisi di panico: panico per il fatto di non poter comunicare, di non essere raggiungibili, per la paura di perdersi qualcosa di essenziale e indispensabile per la propria vita.

PER APPROFONDIRE

❖ Panico e depressione

Le statistiche epidemiologiche mettono in luce che in circa sei casi su dieci il panico si manifesta insieme alla depressione. La persona depressa, infatti, quando di tanto in tanto si risveglia dalla calma piatta in cui trascorre le sue giornate, spesso sperimenta nell'attacco di panico una forma di emotività intensa e travolgente, che spazza via l'apatia e la riporta per un attimo alla percezione vivida di se stessa.

Come mai queste due patologie, apparentemente così diverse, possono coesistere? La risposta è semplice: entrambe hanno una radice comune, che va ricercata nella "missione" simbolica dei due disturbi.

Alla base della depressione, come nel caso del panico, c'è infatti uno stile di vita forzato, ormai obsoleto, spesso improntato alla ripetitività, che a un certo punto viene messo in discussione da un evento "forte": il black-out totale imposto dalla depressione, che isola la persona da un mondo che ormai non le basta più, oppure la violenta ondata del panico, che scuote chi ne è vittima, segnalando che è venuta l'ora di voltare pagina.

❖ Panico e sonno

Attraverso numerose testimonianze raccolte in terapia, si è riscontrato che il panico si annuncia anche con una precisa variazione dei ritmi sonno-veglia. Chi soffre di panico, infatti, spesso fatica a addormentarsi e fa sogni confusi, nei quali compie con difficoltà anche le operazioni più banali; ricorrenti sono gli incubi popolati da situazioni catastrofiche (come terremoti o vulcani in eruzione), eventi violenti (come omicidi o stragi) o luttuosi (morte di persone care e famigliari).

Chi è vittima del panico (o è sul punto di diventarlo) soffre anche di risvegli improvvisi nel cuore della notte, con la sensazione di dover fronteggiare un pericolo imminente (per esempio dei ladri che stanno tentando di scassinare la serratura di casa).

6

DONNE E UOMINI: LE DUE FACCE DEL PANICO

Il panico è imprevedibile, poiché non è legato a situazioni o a oggetti specifici e dunque può manifestarsi in qualsiasi momento. Tuttavia, esistono comportamenti, atteggiamenti, modi di essere, stili di vita, abitudini e addirittura modalità espressive tipiche che, tra le donne come tra gli uomini, aiutano a identificare i fattori di rischio, perché evidenziano una "predisposizione" al panico e possono "spianare" la strada all'attacco.

Eccoli in sintesi:

- la persona vuole tenere tutto sotto il suo controllo;
- si obbliga a seguire percorsi esistenziali fissi;
- ha un forte senso del dovere e della responsabilità;
- ha la mente piena di regole, di ideali e di moralismi;
- tende a programmare e a pianificare tutto;
- dà grande importanza al giudizio degli altri, al punto da esserne condizionata.

Vediamo ora nel dettaglio quali sono le predisposizioni specifiche al panico nelle donne e negli uomini.

IL PANICO AL FEMMINILE

Tra le donne il DAP è radicato soprattutto tra quei soggetti che hanno l'assillo dell'organizzazione e della pianificazione: si tratta in genere di donne rigide, fortemente "performanti", che vivono con l'obiettivo di riuscire a tenere tutto sotto controllo e di eccellere in ogni ambito.

Esaminiamo allora le più diffuse tipologie di donne a "rischio panico", mettendo in particolare evidenza per ognuna di esse i tratti caratteristici, gli atteggiamenti tipici, il linguaggio e le diverse modalità di manifestazione del panico.

La donna che controlla tutto

"Ognuno nella vita deve avere un ruolo preciso e portarlo avanti fino in fondo."

Questa è una delle frasi classiche di questo tipo di donna, che vive con l'ossessione di riuscire a organizzare ogni cosa, di gestire perfettamente il lavoro, la casa, i figli, il marito... In realtà, questo stress costante nasconde la necessità di non perdere mai di vista e di contenere la propria interiorità, spesso vissuta come qualcosa di problematico o di "pericoloso", e dunque da isolare all'interno di uno schema facilmente governabile. Così l'autentica personalità di questa donna, che in realtà teme di portare allo scoperto le parti più "tenere" di se stessa, ma anche quelle più passionali, creative e irrazionali, viene ingabbiata da una vita di schemi e cova come il fuoco sotto la cenere. Finché non divampa.

> Una donna con l'**ossessione** di **organizzare** ogni cosa è facilmente predisposta al panico.

La maniaca dell'ordine

Tenere tutto in ordine, nel massimo candore e con la massima asetticità, dando sempre la priorità alla pulizia della persona, della casa, dei vestiti e dei propri cari.

Ecco la donna sempre impegnata a lavare e a rassettare, la

> La perfetta **padrona di casa** è anche la perfetta **vittima** degli attacchi di panico.

padrona di casa perfetta che continua a ordinare a marito e figli di mettere a posto i vestiti, rifare il letto, non lasciare il dentifricio aperto...

Questo comportamento è il segnale di una tensione psicologica pressante, e in realtà maschera il tentativo disperato di non dare ascolto alle pulsioni profonde, avvertite come una minaccia per il proprio equilibrio.

Qual è il rischio? Si tarpano le ali agli istinti (che simbolicamente sono collegati a tutto ciò che è "incontrollabile", "disordinato", "scuro", "indefinito" e un po' "sporco"...), che inevitabilmente prima o poi busseranno alla porta.

La donna virilizzata

Ci sono donne che cercano di dimostrare a se stesse e al mondo di essere forti, incrollabili, dure, solide: proprio "come un uomo". Non a caso, la loro frase ricorrente è: "Tanto ormai gli uomini non esistono più, siamo noi donne che portiamo i pantaloni", oppure, in alternativa: "Le donne d'oggi si bastano da sole".

Voler essere "come un uomo" a tutti i costi, però, sacrifica la femminilità, la sensualità, la dolcezza, tutte qualità che questo tipo di donna interpreta come altrettanti segnali di debolezza. Ecco allora l'attacco di panico, che arriva a reclamare il diritto di esistere del mondo femminile.

> Incrollabili, dure, solide "**come un uomo**": il panico è in agguato.

La dominante

"I maschi? Sono io che li comando e loro fanno soltanto quello che dico io. Soprattutto a letto."

Ecco l'affermazione classica della donna sessualmente aggressiva, la cosiddetta "mangiatrice d'uomini", colei che "non deve chiedere mai". Peccato che sotto questa ruvida scorza da conquistatrice si nasconda spesso una donna insicura, che in realtà attraverso un eros estremo, disinibito e unidirezionale cerca conferme della propria identità femminile.

Il dominio sul maschio diventa per lei un modo per controllare le pulsioni, per metterle a tacere quando bussano alla porta della sua interiorità. Ma, così facendo, si nega la possibilità di cedere ai lati più invisibili della propria femminilità e di viverne fino in fondo le prerogative e le peculiarità.

IL PANICO AL MASCHILE

L'uomo a rischio di attacchi di panico è spesso un soggetto che offre agli altri un'immagine di se stesso impeccabile, efficiente, praticamente perfetta.

> L'uomo a rischio di panico spesso offre un'**immagine impeccabile**.

O, almeno, lui pensa che il mondo lo veda così. È convinto di non fare mai niente di sbagliato e si fida solo delle sue convinzioni. È sicuro di sé e sa sempre quello che vuole, deve e può fare. Il suo atteggiamento è polemico nei confronti di chi la pensa diversamente da lui ed è assolutamente intollerante nei confronti di chi sbaglia o trasgredisce le regole.

È sempre lui a condurre il gioco e, appena può, preferisce non lasciare spazio agli imprevisti. Talora, all'opposto, può soffrire di attacchi di panico anche l'uomo troppo timido, insicuro, spaventato, sempre impegnato a "essere all'altezza"... Vediamone qualche "ritratto".

L'uomo che comanda

Questo è il maschio che si sente totalmente padrone del proprio destino, il manager a tempo pieno che afferma di poter fare qualsiasi cosa, quello che dice sempre: "Non c'è problema".

> "Sono totalmente **padrone** del mio **destino**!"... prima che arrivi il panico.

Spesso è anche un macho, un *tombeur de femmes*, un amante seriale che nasconde la propria vera natura sotto una maschera. Ma quando, improvvisamente, si affaccia alla sua mente la consapevolezza di non essere all'altezza di una certa situazione – sia essa emotiva, professionale o sociale – ecco che il suo castello di false certezze crolla miseramente, lasciandolo del tutto spiazzato. E il panico dà voce alla parte insicura, che si voleva mettere a tacere sotto tanto self-control.

Il maschio in cerca di conferme

È l'uomo che si deve sentire sempre in linea con i modelli esterni: in pratica, è un maschio che di fatto ricerca la propria sicurezza al di fuori di se stesso. Ecco perché punta al consenso altrui ed è convinto che una persona possa esistere solo se viene accettata dagli altri.

Non a caso, questo tipo maschile si inserisce e frequenta assiduamente compagnie fisse di amici e di colleghi, si iscrive a club, circoli e palestre, nel tempo libero fa sport di squadra o lavora con la divisa di un'associazione di volontariato: esce sempre e solo "in branco".

> Solo il panico esprime la **vitalità** e la creatività dell'uomo **conformista**.

In una personalità di questo tipo, la solitudine – il confronto con se stessi – è temuta ed evitata, la parte creativa e vitale viene costantemente relegata sullo sfondo dell'esistenza. E, per poterla esprimere, non restano che gli attacchi di panico...

L'uomo perfetto

"A me non sfugge mai niente", "Nessuno mi può mai cogliere in fallo..." Con questo tipo di affermazioni il maschio perfetto cerca sempre di negare la possibilità che qualcosa eluda le sue capacità di controllo e mandi all'aria i suoi piani. Pignolo, meticoloso e perfezionista fino all'ossessione, su di lui si può sempre contare: se deve portare a termine un lavoro non si risparmia, e non perde mai di vista l'obiettivo che deve raggiungere.

Agisce con circospezione e con prudenza, cercando di non dire e di non fare mai cose avventate: per questo, prima di prendere qualunque decisione, cerca di essere a conoscenza di tutti gli elementi di valutazione, per non sbagliare.

Ma quando l'imprevisto si presenta all'orizzonte, ecco che l'ordine fittizio di questo soggetto crolla miseramente e si scioglie come neve al sole, tra palpitazioni e sudorazioni improvvise, nell'attacco di panico.

Il timoroso

È convinto che gli altri si aspettino da lui grandi imprese e grandi risultati. Lui molto spesso non si sente all'altezza ma, nel contempo, non vuole nemmeno mostrarsi debole; soffre in genere di sensi di colpa, teme di fare dei passi falsi e tende ad assumersi tutte le responsabilità, anche quando non gli spettano.

Questo tipo d'uomo, sempre teso, stanco e angosciato, di fatto si sente obbligato a essere il migliore e ha paura di mostrare la sua umana fragilità. In questa situazione di costante e snervante conflitto, il panico interviene come un'onda che spazza via con violenza due forze opposte: la volontà di affermazione a tutti i costi e il desiderio inconscio di cedere, di lasciarsi andare, di delegare una volta tanto agli altri... Più ci ostiniamo a combattere le nostre paure, i nostri dissidi interiori, più il panico ce li mette di fronte, obbligandoci con violenza a "cedere".

Non accetta la sua umana **fragilità**: solo il panico gli farà accettare le sue **debolezze** e i suoi limiti.

UN CASO ESEMPLARE

Non si può "organizzare" l'amore

La reazione di fronte a situazioni insolite, inaspettate, può essere una cartina di tornasole per giudicare se siamo predisposti a un attacco di panico. Ma anche il rapporto con i sentimenti può essere "sintomatico": innamoramento e panico sono infatti i due estremi di un medesimo filo.

Simili nel manifestarsi, eros e panico esprimono in realtà un approccio opposto e conflittuale con la propria carica vitale profonda. Spesso, infatti, le donne vittima del panico rifiutano la propria carica erotica perché temono di essere dominate dagli uomini, perché in passato l'amore le ha fatte soffrire, oppure perché – tenendo l'eros "sotto chiave" – si illudono di sentirsi più libere e indipendenti e di non doversi "legare" a nulla o a nessuno. Ma, prima o poi, l'emotività e l'energia erotica a lungo represse, dovendo trovare una valvola di sfogo, esplodono nell'attacco di panico.

Lo dimostra il caso di Marinella, una donna di 57 anni con una vita affettiva travagliata e insoddisfacente alle spalle. Da bambina aveva sofferto per un rapporto conflittuale con la madre, che le preferiva smaccatamente la sorella minore e non perdeva occasione per danneggiare la sua autostima con critiche e rimproveri continui, che l'hanno fatta crescere con la convinzione di essere una "vittima". Difficile anche il rapporto con il padre, dispotico, emotivamente distante e spesso anche fisicamente assente per motivi di lavoro, con il quale tuttavia Marinella si sentiva affettivamente molto legata.

> Simili in apparenza, **eros** e **panico** sono opposti e **conflittuali** in rapporto alla carica vitale profonda.

Marinella inizia a lavorare a 20 anni in un'azienda di import-export, dove rapidamente fa carriera e diventa un'importante figura di riferimento prendendosi "le rivincite" – come lei stessa dice in terapia – che in famiglia le erano state negate. In azienda Marinella è inappuntabile e superefficiente: tiene ogni cosa sotto controllo, non le sfugge nulla, programma tutto, è sempre puntualissima: incarna, insomma, l'immagine della donna perfetta. Si sposa con un pittore, di dieci anni più vecchio di lei, e si mette in mente di fargli ottenere i riconoscimenti che anche lui merita e non ha mai ottenuto. Ma il marito è un uomo fragile, rinunciatario, che con la moglie si sente messo in secondo piano, soprattutto sotto il profilo economico, e non riesce ad arginarne la smania di affermazione. A volte, scherzando, la chiama "la generalessa".

La vita erotica tra i due è priva di passione, i rapporti si diradano fino a sparire del tutto, ma nessuno ha il coraggio di affrontare il problema. Marinella sente che gli anni passano e vuole un figlio: dopo vari tentativi e un aborto, rimane incinta a 38 anni. Nasce un maschietto, ma la vita sessuale continua a essere insoddisfacente, il marito non le dà tenerezza ed è sempre più distante. Non fa nulla.

Marinella continua a tenere tutto sotto controllo, a casa e al lavoro, perché non deve perdere il suo primato di donna vincente; è lei che porta i pantaloni, che si occupa del figlio e anche dei genitori anziani, dimostrando al mondo di potercela fare da sola. La sessualità, ormai, è un pallido ricordo.

> Tutto sotto controllo, a casa e al lavoro: non può perdere il suo **primato** di donna **vincente**.

Il marito la lascia fare, lavora sempre di meno e diventa sempre più una figura di contorno, finché si ammala di depressione e Marinella diventa la sua infermiera.

Alla morte del compagno, sopravvenuta per arresto cardiaco, Marinella resta sola: il figlio, che non ha un buon rapporto con la madre dalla quale si sente soverchiato, è andato a studiare all'estero; di amici ne ha pochi, perché con tutti Marinella si è sempre dimostrata ipercritica e intollerante. A un certo punto comincia a soffrire di attacchi di panico: all'improvviso, mentre si trova al supermercato o in automobile, inizia a sudare, trema e sente il respiro venir meno. Contemporaneamente soffre di violentissimi episodi di cistite e di un raffreddore allergico, che non migliora nemmeno col cortisone e la fa stare sveglia anche di notte.

La svolta

Così Marinella decide di rivolgersi a una psicoterapeuta. In terapia dopo tanti anni si lascia finalmente andare: dopo un paio di sedute esplode in un pianto incontenibile e confessa la sua sete di affetto, il suo bisogno di tenerezza.

Poco alla volta capisce che per troppi anni ha vissuto indossando la corazza della donna perfetta ma, così facendo, ha impedito ai suoi sentimenti di venire allo scoperto e soprattutto ha fornito di se stessa un'immagine dura, severa, giudicante, dispotica, che ha affettivamente allontanato le persone (soprattutto gli uomini) che le stavano vicine, come suo marito e suo figlio. Dopo qualche mese di tormentate sedute, nelle quali prende coscienza che da un punto di vista psicosomatico raffreddore e cistite rappresentano il "pianto bruciante" del suo femminile negato, Marinella decide di iscriversi a un corso di ballo.

> Il **femminile** negato riemerge grazie a un corso di ballo... e il panico cede il passo al **tango**.

Lei, donna dal fisico asciutto e spigoloso, sceglie la più morbida e passionale delle danze: il tango, perché – come spiega alla terapeuta, quasi a voler prendere ingenuamente le distanze dalla sua scelta – è un ballo che suo padre amava molto.

Durante il corso ritrova il piacere del contatto fisico con i partner cui di volta in volta si accompagna durante le lezioni. La magia della musica, il calore dell'abbraccio, la sensualità del ballo argentino poco alla volta accendono dentro di lei la scintilla dell'istinto. Marinella inizia a uscire la sera con la compagnia della scuola di tango, e balla sempre più spesso con Luciano, un ex insegnante vedovo ma pieno di gioia di vivere. La frequentazione diventa sempre più assidua, Marinella e Luciano si vedono quasi ogni sera finché non si innamorano, decidono di fidanzarsi e di andare ad abitare nella casa di lui. Entrambi liberi e privi di impegni, i due vivono il loro rapporto in modo giocoso, frizzante, quasi adolescenziale. E, soprattutto, eroticamente coinvolgente.

> Una ritrovata capacità di **contatto fisico**, un nuovo ruolo nell'amore, sensazioni **mai provate**... e i disturbi se ne vanno.

"Con Luciano ho provato cose totalmente nuove, e poi mi piace che sia lui a condurre il gioco..." confessa Marinella in terapia. Nel frattempo, il panico, il raffreddore e la cistite sono completamente scomparsi.

PER APPROFONDIRE

❖ Il panico in gravidanza e dopo il parto

La gravidanza è una delle massime espressioni della capacità creativa del femminile. Non solo: una gestazione trasforma ineluttabilmente ogni "ragazza" in donna, e questa metamorfosi implica dei necessari e naturali processi di aggiustamento: non accettare, anzi, cercare di reprimere questa trasformazione può in certi casi dar luogo ad attacchi di panico.

È infatti sempre più frequente tra le donne in gravidanza che si manifestino episodi ripetuti di panico, scatenati da fattori diversi: il timore, per esempio, che il feto abbia delle anomalie, l'ansia che non cresca bene o a sufficienza, oppure che la gravidanza si interrompa; infine la paura di doversi sottoporre a esami invasivi e rischiosi che in qualche modo possano compromettere la gestazione. Così accade che, per nove mesi, la donna viva in uno stato d'angoscia strisciante e persistente che sfocia, quanto più ci si avvicina al parto, in veri e propri episodi di DAP, spesso collegati alla prospettiva di dover affrontare sofferenza, dolore fisico ed eventuali complicazioni chirurgiche per se stesse o per il bambino. Se molte future mamme convivono col panico durante la gravidanza, allo stesso modo è sempre più diffuso tra le donne che hanno partorito il cosiddetto *baby blues*, una forma di depressione tipica del post partum che spesso viene innescata, oltre che dallo sforzo fisico provocato dal parto, dal senso di inadeguatezza e di "spaesamento" dovuto al fatto di essere scaraventate di colpo in uno schema esistenziale in cui la figura del figlio, con tutti i suoi urgenti bisogni e le sue richieste di attenzione assoluta, domina prepotentemente su tutto: sulle esigenze individuali femminili, sulla coppia, sul bisogno di svago, sulla professione e in definitiva sull'intera identità della neomamma.

Così la donna, compressa in un ruolo che, almeno all'inizio, sente profondamente estraneo a se stessa, viene travolta dall'attacco di panico, che fa esplodere con violenza il suo senso di frustrazione e di impotenza. Il *baby blues* non è quindi una banale forma di tristezza passeggera e non deve essere mai sottovalutato, soprattutto per evitare che si trasformi nel "terreno" ideale per lo sviluppo del panico: quando la sindrome si protrae oltre i 3-4 mesi dopo il parto, sarebbe necessario correre ai ripari con un'adeguata terapia psicologica di supporto. A titolo preventivo, la futura mamma dovrebbe parlare, già durante la gravidanza, con amiche e conoscenti che hanno attraversato questa esperienza; con la nascita del bambino, la donna dovrebbe essere "sostenuta" soprattutto dal partner, che farà sentire alla propria compagna la sua presenza, la disponibilità all'aiuto e la sua immutata attrazione per lei nella sua nuova condizione di madre.

❖ Panico e sovrappeso: ancora una volta, le vittime sono soprattutto donne

Dal panico al sovrappeso il passo è breve, soprattutto per quel che riguarda le donne. Succede in particolare quando all'origine del DAP vi è la tendenza a indossare sempre una maschera e a dissimulare le emozioni. A furia di non essere mai se stessi, si finisce per scivolare nel vortice del panico e, una volta superata la crisi, si cerca conforto nel cibo, il bene-rifugio che è più a portata di mano per ritrovare delle sensazioni piacevoli: il problema è che, quando si mangia in maniera così compulsiva, se ne ingurgita sempre troppo. Lo conferma un'indagine condotta recentemente dall'Istituto Riza di Medicina Psicosomatica su un campione di 312 donne italiane tra i 17 e i 64 anni di età. Dalla ricerca è emerso un dato interessante: il 35% delle donne colpite da "panico-sovrappeso", che sono riuscite a sconfiggere la dipendenza dal cibo, ha dichiarato di aver raggiunto l'obiettivo portando nella propria vita dei nuovi interessi: una maggiore attenzione per la propria persona e per le cure estetiche, un corso di ballo, di vela, di pittura, la ricerca della spiritualità, la frequentazione di una nuova cerchia di amici... Tutte "novità" che hanno offerto loro una visione esistenziale di più ampio respiro, aiutandole a trovare una dimensione di vita più soddisfacente, sconfiggendo così panico, dipendenza da cibo e chili in più.

7

IL PANICO NELL'INFANZIA E NELL'ADOLESCENZA

Il panico si diffonde anche tra i giovanissimi: si abbassa infatti sempre di più l'età di esordio della sindrome, che oggi si colloca intorno ai 13-14 anni, ma spesso riguarda, in forme più o meno intense, anche i bambini più piccoli. Del resto, oggi si stima che circa il 10% della popolazione infantile soffra di fobie così gravi da faticare a condurre una vita normale: nell'infanzia, tuttavia, il vero e proprio attacco di panico è un fenomeno molto raro, perché i bambini, a differenza degli adulti, non dispongono degli strumenti per prendere coscienza del conflitto interiore che genera il panico e gestirlo. Fino ai 5-7 anni di vita, le fobie infantili più frequenti sono il terrore del buio, il timore di essere abbandonati, la paura della separazione e l'ansia del confronto con i coetanei nelle situazioni collettive (come la scuola, lo sport, i giochi di squadra ecc.). Con gli anni, il ragazzino preadolescente, a seconda dell'entità del disagio che prova, potrà sviluppare crisi di sconforto sempre più intense, fino ad arrivare a veri e propri attacchi di panico. Molte sono le paure che turbano i giovanissimi in questa fase: quella di essere in ritardo nella crescita mentre gli altri cambiano già la voce, aumentano di statura, trasformano le proporzioni del corpo; c'è il panico di non sentirsi adeguato rispetto al gruppo degli amici

> Nell'**infanzia** il vero e proprio attacco di panico è un fenomeno molto **raro**.

più cresciuti e autonomi, e di esserne esclusi, emarginati; c'è la paura di padroneggiare e di confrontarsi con le prime pulsioni sessuali, e c'è l'ansia della crescita, legata al riconoscimento del nuovo Io emerso dalle ceneri dell'infanzia.

Il preadolescente, ma anche l'adolescente, infatti, sono creature ibride tra il bambino e l'adulto. E il disagio che a volte sperimentano vivendo questa ambivalenza può originare una vera e propria forma primordiale di panico.

> Nel disagio del **passaggio** da bambino a adulto può nascere una forma **primordiale** di panico.

Per comprendere questo meccanismo, dobbiamo fare marcia indietro e metterci nei panni di un bambino di 3 o 4 anni, o a volte ancora più piccolo. A questa età la psiche è in piena fase di sviluppo, le funzioni cognitive sono in forte espansione e l'Io è appena abbozzato.

In occasione di un fatto traumatico ("traumatico" dal punto di vista infantile), l'Io del bambino non sa come affrontarlo: l'evento provoca spesso incomprensione, senso di solitudine, paura, incapacità di elaborare il disagio e di "metabolizzarlo". Quando ciò accade, l'emotività associata all'evento, la sofferenza e l'incapacità di comprendere l'esperienza dolorosa, portano a un blocco, dovuto alla presenza di una fortissima scarica emotiva che non può essere elaborata: essa viene rimossa grazie all'intervento consolatorio e rassicurante di un adulto (genitore o insegnante), oppure si deposita, come una cicatrice emotiva, nella psiche del bambino e da qui inizia a formare la "base" per nuove paure.

QUANDO I BAMBINI SONO A RISCHIO

I piccoli che soffrono di DAP sono in genere dei bambini sensibili, che temono il giudizio degli altri, che spesso soffrono di sensi di colpa e affrontano la vita in maniera tesa e ansiosa. Una madre o un padre ansiosi possono aver trasmesso ai figli le loro paure, perché le condizioni ambientali e il clima che si respira in famiglia sono assolutamente determinanti nel creare la predisposizione alle crisi di panico. Soprattutto, è fondamentale la comunicazione con la madre, una forma di contatto e di dialogo profondo che prende forma fin dalla gestazione: una donna apprensiva contaminerà con le sue ansie anche il feto che porta nell'utero. In questa delicata fase intrauterina, il panico è simile a una scarica biochimica di emozioni negative che coinvolge il bambino e lo "segna" in maniera indelebile, con conseguenze pesanti nell'infanzia e nell'adolescenza, che potranno spaziare dai disturbi alimentari alla depressione.

Bambini **sensibili** e timorosi sono più **esposti** agli attacchi di panico.

Può essere vittima di crisi del tutto simili al panico il neonato che sta poco in braccio ai genitori, che viene spesso lasciato solo nella sua culla nella cameretta al buio, che non viene consolato quando reclama l'attenzione... In tutti questi casi il pianto è un segnale da non sottovalutare perché i bambini, soprattutto quelli molto piccoli, non sono in grado di padroneggiare mentalmente le loro paure. E se non ce la fanno da soli, vanno aiutati.

Il neonato cui vien dato poco "spazio" **affettivo** può sperimentare forme di sofferenza **simili** al panico.

Quante volte, per esempio, un bambino piange disperatamente perché non sopporta che venga spenta la luce nella sua cameretta? Talvolta la crisi si manifesta con singhiozzi, difficoltà respiratorie, sudore freddo, addirittura convulsioni: non si può ancora parlare di vero e proprio DAP, ma in tutti questi casi la presenza, il calore, l'ascolto dei genitori sono fondamentali. Per constatarlo, basta fare una prova: nella stragrande maggioranza di questi casi, per placare il piccolo sarà sufficiente accarezzarlo, distrarlo con un giocattolo, una ninna nanna o un cartone animato, perché il presunto attacco di panico svanisca all'istante. Un bimbo, in effetti, può sicuramente avere paura dell'abbandono, può non accettare di

Le **prime** "**prove**" della vita possono **scatenare** crisi d'ansia, non di vero panico.

essere lasciato da solo all'asilo o a scuola, e queste sono le prime "prove" di vita che possono scatenare in lui delle crisi d'ansia, non di vero panico.

Tuttavia, anche se non arriva a cronicizzare il suo disagio, il bambino può comunque esprimere la sua paura attraverso comportamenti e segnali fisici – cui dobbiamo prestare la massima attenzione – e chiedere più o meno esplicitamente un aiuto agli adulti.

Per esempio, il pianto disperato di un neonato che sta poco in braccio ai genitori e ricerca il calore di un abbraccio non va sottovalutato. Allo stesso modo devono destare allarme i singhiozzi convulsi dei bambini più grandicelli, che per piangere si nascondono dietro una tenda o sotto un mobile, alla ricerca di protezione.

Un bambino impaurito può talora reagire in maniera diametralmente opposta: si ribella fisicamente al disagio con pianti, urla e calci, oppure si trasforma in un bambino chiuso, passivo, un bimbo che soffre "dentro", che diventa apatico, non parla, rallenta i movimenti e tende ad annullare la vitalità tipica dell'età infantile.

Altro segnale da non trascurare è il repentino cambiamento di carattere di un bambino che normalmente è di natura solare e che all'improvviso diventa inspiegabilmente violento o reagisce in modo sproporzionato; oppure deve destare sospetto la "paralisi" motoria, accompagnata da sudore, mutismo, pallore, che irrigidisce il bimbo che prova paura. Un classico è il panico da scuola, che nasce quando il piccolo viene posto di fronte a prove che crede di non poter affrontare da solo: se genitori e insegnanti svalutano le capacità del ragazzo, si rischia un cortocircuito pesante della sua identità psicofisica e il bambino rimane disorientato.

Un **repentino** cambiamento di **carattere** è un campanello d'**allarme**.

In tutti questi casi i genitori dovranno prima di tutto domandarsi quali sono le loro personali paure, e poi dovranno chiedersi in quale modo le trasferiscono sul figlio.

Inoltre, madri e padri devono imparare ad arginare con fermezza e decisione le reazioni del bambino, aiutandolo a elaborare le fobie per evitare che restino compresse tra le pareti del suo Io. I genitori possono invitare il bambino a raccontare i propri timori, a disegnarli, a "mimarli", trasformandoli in azione drammaturgica condivisa con altre persone: l'essenziale è che il disagio venga portato allo scoperto e che la paura affiori e venga affrontata.

RASSICURAZIONE E INCORAGGIAMENTO

Le esperienze vissute durante l'infanzia e l'adolescenza possono dunque creare le basi per sviluppare il disturbo da attacco di panico in età adulta. I genitori dovrebbero da una parte rassicurare il bambino e dall'altra lasciarlo libero di esplorare e di sperimentare la realtà che lo circonda.

> Il compito del genitore: dare **protezione** ai figli e sostenerne la **libertà**.

Ogni bambino richiede infatti ai genitori questa sorta di bipolarità: da una parte ha bisogno di appoggio e rassicurazione (quando è spaventato), ma dall'altro necessita anche di incoraggiamento e di libertà (quando esplora).

Quando i genitori sono troppo protettivi, oppure troppo permissivi (o entrambe le cose), si determina una sorta di "deformazione" del senso di sicurezza che danneggia la capacità di adattamento del bambino, lo rende rigido oppure spavaldo, eccessivamente pauroso o all'opposto incurante del pericolo, e predispone psicologicamente all'insorgenza del DAP.

PER APPROFONDIRE

❖ **Vademecum per i genitori: domande e risposte sul panico infantile**

Ecco una guida per identificare i motivi che scatenano le fobie infantili, per leggere i segnali che i piccoli lanciano agli adulti per ricevere aiuto e i consigli per intervenire in maniera efficace.

1. ***Terrore del buio e dell'abbandono***

Questa è una fobia tipica dei bambini molto piccoli e si può manifestare fino ai 5-7 anni; spesso si accompagna alla paura di essere abbandonati, al timore di tutto ciò che è ignoto (e dunque "oscuro") e sconosciuto, e all'angoscia di ritrovarsi da soli in situazioni collettive (asilo, scuola, attività sportive, corsi, palestra ecc.) in cui mamma e papà non sono presenti.

• COME INTERVENIRE? Coccolate, abbracciate, accarezzate il bambino, offritegli un giocattolo morbido da tenere con sé quando è solo. Meglio ancora se il peluche (ma può anche essere un vostro capo d'abbigliamento, come una sciarpa o un maglioncino) è impregnato del vostro profumo: quando arriva la paura, gli servirà per avere l'impressione di avervi accanto.

2. ***Brutti sogni, storie tristi e programmi televisivi violenti***

Un incubo notturno come pure la visione di cartoni animati o di film violenti, di programmi a sfondo sessuale o legati a eventi tragici, tristi o esoterici, possono scatenare nei più piccini crisi d'ansia profonde.

• COME INTERVENIRE? Se non siete riusciti a essere presenti accanto al bambino durante la visione del programma "a rischio", o se il piccolo si rivolge a voi al risveglio da un brutto sogno, invitatelo a liberarsi delle tensioni che ha accumulato attraverso il racconto o con azioni teatrali. La "drammatizzazione" della paura è una delle migliori medicine per vincerla: invitate il piccolo a inventare una favola e recitatela con lui, fategliela disegnare, create insieme dei personaggi che combattono e vincono il "lupo cattivo", oppure immaginate delle situazioni in cui la paura si trasforma in qualcosa di buono. In ogni caso, evitate di raccontare ai piccoli storie tristi (soprattutto quelle in cui sono vittime i bambini) e non ponete mai i bimbi a contatto con situazioni di morte attraverso stampa, cinema e televisione.

3. ***Pianto improvviso e disperato***

Se assiste a un litigio o a un altro evento emotivamente doloroso, il bimbo impaurito di solito piange e singhiozza in maniera violenta, oppure corre a nascondersi nella sua cameretta, sotto un mobile o dietro una tenda alla ricerca di riparo e di protezione.

• COME INTERVENIRE? Se in famiglia il bimbo assiste a litigi o partecipa a eventi tristi e dolorosi, aiutatelo a comprendere (in maniera ovviamente rapportata alla sua età) quello che sta accadendo. Non parlare del dolore non serve né a combatterlo né a eliminarlo.

4. *Immobilità improvvisa e sudorazione*

Sono questi i casi in cui la paura irrigidisce il bambino, che smette di parlare, guarda con gli occhi sbarrati, suda e rifiuta di muoversi dal posto in cui si trova.

• COME INTERVENIRE? Abbracciate il bambino con dolcezza e calore e invitatelo a esternare quello che gli sta accadendo. Distraetelo con un giocattolo o con un dolcetto, portatelo in un luogo caldo e luminoso: l'essenziale è che il piccolo si senta accolto e protetto, perché solo così può riuscire a elaborare il trauma e lo spavento.

5. *Comparsa improvvisa di atteggiamenti violenti e irritabilità*

Se il piccolo cambia di punto in bianco il suo carattere diventando ombroso e inspiegabilmente violento o reattivo, può essere che sia impaurito, che si trovi a vivere una situazione che gli va "stretta" (per esempio, essere costretto a trascorrere molte ore all'asilo o con una tata, lontano dai genitori) o a subire episodi stressanti (litigi dei genitori, stati d'ansia degli adulti ecc.).

• COME INTERVENIRE? Cercate di mettervi nei suoi panni e di capire che cosa gli sta succedendo e, soprattutto, fatevi un esame di coscienza per comprendere se forse non state trascurando vostro figlio o non lo state usando come "cuscino" sul quale sfogare le vostre tensioni. Ricordate che un bambino cronicamente impaurito probabilmente sarà un adulto che soffre di panico.

GLI ESERCIZI
PER VINCERE IL PANICO

8
COME SUPERARE L'ATTACCO DI PANICO

Nessun malessere guarisce lottandoci contro o, peggio, tentando di anestetizzarlo con i farmaci: i disagi come la paura, l'ansia, il panico ci parlano, e noi dobbiamo imparare a capirne il linguaggio, e ascoltarlo. Ogni malattia, infatti, ci suggerisce – tra le righe – la via d'uscita.

> Bisogna **lasciar parlare** i nostri disagi, non azzittirli: ci stanno dicendo come **guarire**.

Molti vivono il panico come l'assalto di un mostro che deve essere scacciato a ogni costo. Invece, in questi casi, lottare è la cosa più sbagliata: quando si avverte che la crisi si avvicina, l'unica cosa da fare è non opporsi, cedere, assecondare il flusso.

Bisogna lasciare che il panico ci travolga come un'onda che butta all'aria tutte le nostre abitudini e i nostri schemi mentali.

La vita è semplice: spesso siamo noi che la complichiamo fino a trasformarla in un incubo. Invece dobbiamo fare in modo di allargare il nostro panorama esistenziale e allontanare il panico. I saggi di ogni tempo sostengono che di fronte alla vita dovremmo essere degli attenti spettatori, capaci di entusiasmarci, di soffrire, di lasciarci coinvolgere, ma anche, al tempo stesso, di osservare attentamente ogni evento.

> Vivere bene non è poi così **complicato**, se non si smarrisce il senso di cosa **conta veramente**.

Il mestiere di vivere, invece, oggi sembra essere diventato un compito così difficile da richiedere un surplus di cultura, sforzo, impegno, capacità di programmazione e idee chiare... In realtà, le cose di cui abbiamo bisogno per stare veramente bene sono poche, ma noi le abbiamo perse di vista.

Se il panico ci tiene in ostaggio e condiziona la nostra esistenza, una ragione c'è: per questo dobbiamo chiederci se stiamo vivendo secondo la nostra natura, se il nostro stile di vita è veramente adatto a noi, se stiamo seguendo quelle regole su cui tutte le tradizioni concordano da secoli.

In questo capitolo abbiamo raccolto una serie di regole e di esercizi antipanico: sono piccoli accorgimenti da mettere in pratica ogni giorno, da soli o con l'aiuto di un'altra persona, per prevenire il DAP o per attenuarne i sintomi quando la crisi è ormai in atto. Senza bisogno di nessuna pillola.

DA SOLI...

Il carattere artificiale che abbiamo dato alla nostra esistenza è all'origine dell'attacco di panico: ritrovare noi stessi è la strada per uscirne. Molto spesso nella nostra vita inseguiamo modelli che non sono in armonia con la nostra natura e provocano sofferenze, che poco alla volta si trasformano in panico. Così viviamo, giorno dopo giorno, sforzandoci costantemente di aderire a qualcosa o di piacere a qualcuno che nel profondo non ci convince. Ogni volta che lo facciamo, rinunciamo all'espressione di una parte autentica di noi stessi, e apriamo così la strada alla crisi, l'unica via d'uscita per una personalità troppo a lungo repressa.

> **Tradire** la propria natura per seguire modelli a lei **estranei** è fonte di una sofferenza da cui nasce il panico.

In quest'ottica, l'attacco di panico rappresenta veramente l'esistenza che non viviamo, il piacere che non riusciamo più a provare, la felicità che ci neghiamo... È la spinta a cambiare vita e a tornare a essere felici. Per predisporci nel modo migliore a operare questa "svolta", esistono degli esercizi da eseguire da soli per familiarizzare con il panico e iniziare ad averne meno paura: queste tecniche hanno come principale finalità quella di liberarci dai finti punti di riferimento, dalle chiusure mentali, dai pregiudizi e dalle inutili "ancore di salvezza" con cui abbiamo appesantito le nostre vite, e di allargare il nostro campo d'azione, mettendo fuori gioco la paura.

Prima di iniziare: riscopri la forza del "no"

Una psicoterapia, per chi soffre di crisi di panico, è un percorso con molte curve e qualche trabocchetto: spesso infatti è molto difficile decidere di affidarsi a uno psicoterapeuta, perché il livello di ansia è alto, la sensazione che tutto ci si stringa addosso è molto forte e i primi passi sembrano faticosi, se non impossibili, e privi di risultati soddisfacenti. Inoltre, osservando la vita del paziente, quasi sempre emergono spontaneamente le "tipiche" fonti della costrizione: una famiglia con regole troppo rigide, un rapporto di coppia castrante, un lavoro dove non ci si esprime, ma al contrario, ci si reprime...

Quando la sensazione di morte imminente arriva a coniugarsi con la frase: "In questa vita io non esisto più", ecco scattare la ribellione sotto forma di crisi di panico. Spesso nelle prime fasi è la rabbia a esplodere, ed è un sentimento che non va molto per il sottile: dilaga in tutti gli ambiti. Con la scoperta che si può dire "no", che ci si può sottrarre a situazioni che non ci sono consone, che si possono abbandonare ruoli che ci vanno stretti inizia anche la trasformazione, e i sintomi del DAP iniziano ad attenuarsi.

> Bisogna saper dire "no" alle situazioni e ai ruoli che ci **falsificano**: così inizia la **trasformazione**.

Ma attenzione: dopo le prime vittorie può arrivare il colpo di coda del panico. Ecco perché è opportuno ripetere ogni giorno, da soli, alcuni semplici esercizi antipanico.

ESERCIZIO 1

Se cedi, la paura sfuma

"Giro girotondo, casca il mondo, casca la terra... tutti giù per terra!" Questa filastrocca, che abbiamo recitato tante volte da bambini, riassume bene la vertigine che segnala il prorompere dell'attacco di panico: d'improvviso la percezione della realtà si altera, lo spazio diventa un vortice che ti risucchia, batticuore e capogiri minano l'equilibrio fino a farti vacillare e lo sforzo di rimanere saldo ti prosciuga, spossandoti.

> Bisogna **cedere** alla **vertigine** con cui si annuncia l'attacco di panico: ... "tutti giù per terra!".

È terrore di perdere il controllo, cadere ed essere perduti.

E allora... prova a cadere davvero! Sì, non resistere: cedi, non tentare di fare muro di fronte alle tue paure e alle tue ansie. Fatti sopraffare, dichiara forfait, alza bandiera bianca. Cedi! Vedrai che, se non cerchi di controllarle, le tue ansie possono diventare, piano piano, una parte utile di te stesso. Non ti assalgono di colpo per distruggerti, ma per aprire un varco che porti alla luce ciò che hai di più autentico.

- Prima di iniziare l'esercizio vero e proprio, ripeti queste parole: "Panico, fai di me ciò che vuoi! Io non ti resisto, anzi: mi abbandono totalmente a te". Pronunciare queste frasi ci aiuta a creare quell'atteggiamento mentale di cedevolezza indispensabile affinché il panico non faccia danni, offra il suo contributo innovativo e se ne vada al più presto.
- Quindi, sdraiati su una superficie morbida, come un tappeto, la moquette, oppure un materassino posato a terra, poi allungati su un fianco, sostenendo col braccio sinistro il tronco.
- Lascia che la sensazione di panico ti invada, fino a provare la paura, per te ormai abituale, di non farcela a reggere.
- A questo punto, di colpo, con un movimento netto, stacca il braccio da terra e crolla sul fianco. Per aiutarti, puoi stringere le braccia intorno al tronco e chiudere gli occhi.
- Rimani lì disteso per qualche istante. Ti accorgerai che la tensione si è del tutto allentata.

PERCHÉ TI È UTILE

Crollare, lasciarsi andare... esercita la stessa azione di rottura di ciò che è statico operata dal panico, espletandone così la funzione, ma senza le ricadute negative dei suoi sintomi tipici.

> "Crollare", lasciarsi andare, **interrompe** la routine e **scuote** l'inerzia.

ESERCIZIO 2

Avvicina gli istinti e riduci le paure

Un nemico che colpisce alle spalle, una sorta di mostro che si avventa all'improvviso: queste le immagini che solitamente si associano al panico.

Eppure il panico è una nostra creatura. Non lo riconosciamo perché incarna gli aspetti più primordiali del nostro essere: quanto più siamo distanti dalla nostra visceralità, tanto più il panico ci appare estraneo e minaccioso. Per accorciare la distanza, eseguiamo questo esercizio, da fare ogni giorno.

- Seduto comodamente, in un luogo tranquillo, chiudi gli occhi e immedesimati in una situazione che di solito ti causa un attacco di panico, finché non avvertirai la paura, il senso di sbandamento, mentre il tuo corpo comincia a tremare e ad alterarsi.
- Lascia che il panico salga nelle gambe, nel bacino e nella pancia, non farlo andare oltre.
- Respira e osservalo, registrando ogni sensazione come uno spettatore, fino a percepire in modo prima sfumato e poi più netto, che si sta dissolvendo. Ancora un respiro profondo, poi rialzati.

PERCHÉ TI È UTILE

Renderti conto della possibilità che hai di provocare in te il panico e di confinarlo in una zona del corpo, impedendo che si diffonda in altre, te lo farà avvertire come sempre meno ostile. E a mano a mano che lo percepirai più familiare, il panico, calata la maschera del terrore, si dissolverà.

> Se impariamo a **confinare** e "**pilotare**" il panico, ne avremo meno paura.

ESERCIZIO 3

Il respiro antipanico

Il respiro, con la frequenza e la profondità del suo ritmo, è sempre in sintonia con le nostre emozioni, piacevoli o spiacevoli che siano.

Un soggetto calmo ha il respiro lento e profondo, una persona che soffre di panico respira in maniera più superficiale e accelerata. Agire sul respiro rendendolo più "consapevole" aiuta a interrompere il percorso automatico attraverso il quale, all'approssimarsi di una crisi, si fissano nel nostro corpo le tensioni e tutti quei sintomi fisici (fiato corto, tachicardia, senso di soffocamento, vertigini) e mentali che accompagnano l'attacco di panico.

- Sei per strada, a teatro, in casa e senti sopraggiungere la crisi? Smetti di porre la tua attenzione sulla paura del panico e sui primi sintomi che si stanno manifestando, e concentrati sul respiro.
- Prima di fare qualsiasi altra cosa, trova un luogo comodo e appartato, mettiti in posizione rannicchiata e porta la concentrazione sull'ombelico.
- A questo punto, comincia a rallentare il ritmo respiratorio... inspira piano, sempre più piano... silenziosamente... Un buon parametro per comprendere se stai eseguendo in modo corretto la respirazione è che gradualmente non sentirai più il rumore dell'aria che entra. Non percepisci più un dentro e un fuori, ma un senso di continuità, in cui l'aria è sempre più sottile, sempre più silenziosa...
- Inalando ancora meno aria, concentra l'attenzione prima sul petto, poi sulla pancia e infine di nuovo sull'ombelico; a questo punto fissa lo sguardo su un oggetto qualsiasi e lascia che l'occhio si incanti su di esso, mentre la mente si vuota.

PERCHÉ TI È UTILE

Questo esercizio distoglie l'attenzione dalle aree cerebrali che, con i loro circoli tortuosi e i loro pensieri ossessivi, sono l'habitat ideale per la comparsa e lo sviluppo dell'attacco di panico.

> Concentrarsi sul **respiro** distoglie la mente dai **pensieri ossessivi** tipici dell'attacco di panico.

ESERCIZIO 4

Attiva i tuoi cinque sensi

L'immaginazione è una grande arma, che aiuta la mente a evitare di ripetere all'infinito gli stessi schemi.

Una delle caratteristiche tipiche dell'attacco di panico è una sorta di anestesia sensoriale, per cui d'improvviso il corpo perde ogni capacità di provare piacere e, così impoverito, è condannato a essere risucchiato nel vortice del malessere.

Questo esercizio, che attiva tutti i cinque sensi, ha una funzione che si esplica soprattutto nell'imminenza della crisi, quando avverti che si sta avvicinando una situazione "a rischio" perché si manifestano i "classici" segnali di disagio che preludono a un attacco (agitazione, fiato corto, rigidità muscolare, senso di oppressione al petto).

- Chiudi gli occhi, e ricorda una situazione in cui sei stato felice. Crea un'immedesimazione totale, riportando la mente a tutte le percezioni sensoriali che hai provato in quell'occasione: i profumi, i rumori, i suoni, la piacevolezza delle sensazioni tattili, i sapori, la bellezza di ciò che hai vissuto... Lascia che tutte queste sensazioni circolino nel tuo cervello fino a inondarlo di piacere.
- Poi osserva con distacco la situazione in cui ti trovi, e cerca le cause del contrasto tra il tuo stato effettivo e quello che hai ricordato. Che cosa c'è che non va? La stanza in cui ti trovi ha un cattivo odore? Senti dei rumori fastidiosi? I tessuti che sfiorano la tua pelle ti comunicano una sensazione di ruvido? Vedi qualcosa o qualcuno che non ti piace? Hai in bocca un gusto cattivo? Registra con attenzione le diverse fonti sensoriali del tuo disagio.
- Infine immagina che la felice situazione si sovrapponga a quella che stai vivendo e lascia che le gradevoli percezioni sensoriali del passato vadano a modificare quelle che ti danno fastidio in quel momento.

PERCHÉ TI È UTILE

Con questo esercizio permetterai alla sensazione di piacere di attivarsi anche in occasione di un momento di crisi e, via via, di trasformarlo.

Sciogliendo progressivamente le rigidità, le percezioni sensoriali gradevoli contribuiscono a dissolvere le paure correlate al panico.

Il **ricordo** di sensazioni felici si **sovrappone** ai sintomi del panico, li modifica e infine li **dissolve**.

ESERCIZIO 5

E adesso, pecca senza indugi

"D'accordo, sono a dieta, ma che vuoi che mi faccia un cioccolatino?" oppure: "Ho civettato con lui tutta la sera, ma alla fine non ho fatto niente di male...".

Quale che sia la trasgressione cui di tanto in tanto indulgiamo, spesso ce la concediamo in sordina, sottotono: così, quando ci giudicheremo o saremo giudicati, potremo garantirci l'assoluzione con formula piena: "Ma non facevo sul serio!". Sono tutti peccati veniali che, come spari di una pistola a salve, fanno tanto rumore e basta, senza ridisegnare davvero il nostro assetto interiore. La morale comune, mettendoci costantemente in guardia dal pericolo di "cadere in tentazione", trascura la grande forza trasformatrice che è insita nel peccato: la sua funzione energetica, infatti, è sovvertire l'ordine delle nostre priorità, far vacillare le convinzioni di cui siamo più o meno schiavi, mettere a nudo aspetti del nostro carattere da cui ci teniamo a debita distanza, obbligandoci a creare nuovi equilibri sulle ceneri di quelle certezze che, peccando, abbiamo smontato. Ma perché tutto ciò accada è fondamentale "peccare a coscienza lucida", senza risparmio, con il pieno riconoscimento dell'azione che stiamo commettendo. Insomma, come suggeriscono i saggi, se vuoi peccare fallo sul serio.

- Ti prende la voglia irresistibile di un cibo proibito? Non accontentarti di spilluzzicarne un boccone dal piatto del vicino, ma ordinane o cucinane quanto ne vuoi, come piace a te. Mangia con gusto, assaporando ogni boccone, saziandoti fino in fondo.

- Lui ti piace. Fino a ora ti sei trattenuta perché, perché... Ma la tentazione è sempre più forte. Se decidi di cedere, fallo, ma davvero. Che si tratti di una cena o di un... dopocena, usa tutte le tue armi, ridi, seducilo, flirta in piena libertà.

PERCHÉ TI È UTILE

Questo esercizio ti consente di accorgerti che ti sei finalmente lasciata andare, vivendo il tuo "peccato" in totale consapevolezza, e così hai modificato qualcosa dentro di te. L'energia che consumavi girando a vuoto e struggendoti ("Lo faccio? Non lo faccio?"), adesso fluisce, senza più inciampare nei vecchi ostacoli. E finalmente puoi guardare altrove.

ESERCIZIO 6

Su la maschera, giù la maschera

Nella vita di tutti i giorni ci mascheriamo continuamente, in ogni situazione. Il problema non sta nell'indossare la maschera (rituale presente in tutte le culture), ma nel confondersi totalmente con essa e perdere il contatto con la nostra identità.

> Se la **maschera** si confonde col nostro vero volto e "**fissa**" la nostra immagine, perdiamo la nostra identità.

Il panico, infatti, si manifesta quando un unico modo di essere (e quindi una sola maschera) "fissa" la nostra immagine, ignorando ciò che siamo davvero. Per ritrovare te stesso, allora, dedica dieci minuti della tua giornata al gioco della maschera.

- Costruisci (disegnando la sagoma su cartoncini, ritagliandola e fissando ai lati un elastico per trattenerla sulla testa) alcune maschere dalle espressioni differenti (rabbia, tristezza, gioia, noia, stupore, ilarità ecc.). Puoi anche illustrare con carta e pennarelli il tuo "personaggio del giorno" (il timido, lo spavaldo, la donna o l'uomo per bene, l'indeciso, il simpatico ecc.). Cura il disegno nei particolari, rifinendolo con molta attenzione e richiamando alla mente, mentre lavori, i vari aspetti che stai rappresentando.

- Mettiti davanti a uno specchio e indossa una maschera. Osservati attentamente, immedesimandoti nello stato d'animo che, la maschera vuole rappresentare. Toglila e osserva con attenzione il tuo volto, i lineamenti, i colori che conosci a memoria e la familiarità di quei tratti.
- Fai la stessa cosa con la seconda maschera e così via fino a che le avrai indossate tutte. Durante l'esercizio tieni presente che, quando la maschera copre il tuo viso, tu "sei" quella maschera, totalmente preso dalla parte, ma solo in quel momento, perché gli atteggiamenti, i ruoli, il modo in cui vuoi apparire cambiano, ma la tua identità rimane immutata.
- Tutte le sere, almeno per una decina di giorni, continua a liberarti in questo modo delle tue maschere psicologiche, e potrai notare che i cambiamenti non tarderanno a manifestarsi.

PERCHÉ TI È UTILE

La certezza di poter essere contemporaneamente molti personaggi differenti, di poter cambiare identità in qualunque momento, ti libera dalla rigidità e ti aiuta ad affrontare la vita (e le eventuali difficoltà) con più scioltezza, flessibilità e creatività.

ESERCIZIO 7

Cambia la tua immagine...

Quante volte ci siamo divertiti – da bambini, ma anche da adulti – a contraffare con uno scarabocchio il volto in copertina di un personaggio famoso? Un paio di baffi, un sopracciglio marcato, un dente annerito dalla biro e anche l'immagine più patinata si ammanta di grottesco.

Sulla falsariga di questo gioco, ti suggeriamo l'esercizio che segue, pensato per restituire elasticità e morbidezza all'immagine fissa che chi soffre di panico mostra di sé.

- Disegna su un foglio la tua sagoma, il volto, il corpo per intero, i singoli arti... Non importa che il disegno sia somigliante: basta che rispecchi a grandi linee la tua impronta.
- Poi divertiti a modificare la tua immagine con un particolare inconsueto: per esempio, se sei una donna, con un rossetto can-

giante, un monile insolito, una pettinatura diversa o un abito stravagante. Se sei un uomo, con un abbigliamento inusuale, scarpe dalla foggia strana, un orecchino o un altro accessorio che di solito non indossi.

- Guarda il disegno e ripeti allo specchio l'operazione di modifica sul tuo corpo, fino a aderire il più possibile all'immagine buffa, sensuale o caricaturale, che hai delineato sulla carta. Se non te la senti di mostrarti agli altri in questa nuova veste, goditi il risultato della trasformazione allo specchio. Se invece sei abbastanza convinto da esibirti in versione "corretta", fallo, magari con il partner e gli amici più intimi.

PERCHÉ TI È UTILE

Questo esercizio è utile per sciogliere la maschera di perfezionismo o di sobrietà che ti costringi a portare per sentirti sempre "a posto". Più lo metti in pratica, e più ti sarà facile trasgredire.

ESERCIZIO 8

Allenta la tensione col tamburo

Un senso di tensione e di gonfiore addominale spesso accompagna attacchi di panico che, non a caso, si manifestano con la sensazione di essere sul punto di "esplodere". La rabbia troppo a lungo trattenuta e accumulata nella pancia, causa del gonfiore, può allora scaricarsi attraverso un esercizio di bioenergetica che coinvolge tutto il corpo e allenta le tensioni che lo attanagliano.

- Procurati un piccolo tamburo o un bongo (è uno strumento africano a percussione che trovi facilmente nei mercatini e nei negozi di strumenti musicali), togliti le scarpe e sièditi con la schiena appoggiata al muro. Posiziona il bongo tra le cosce, fai alcune respirazioni addominali e concentrati sulla tua pancia che si rilassa.
- Inizia quindi a percuotere lo strumento aumentando la pressione (da leggera a energica) e il ritmo (da lento a veloce), entrando in sintonia con le vibrazioni e i suoni prodotti, che "riecheggiano" nella tua pancia.
- Se preferisci, puoi liberarti della tensione dovuta alla rabbia trattenuta anche imitando il comportamento "stizzoso" dei

bambini. In piedi, senza scarpe, con le gambe un po' aperte e le ginocchia leggermente flesse, con le braccia morbide a penzoloni, inizia a pestare con forza i piedi sul pavimento, come in un rito tribale, soffiando contemporaneamente fuori l'aria e acquistando un ritmo sempre più incalzante, che seguirai fino a che te la senti. Se hai difficoltà a prendere o mantenere il ritmo, puoi eseguire l'esercizio ascoltando musica etnica africana, in cui prevalgono le percussioni.

ESERCIZIO 9

Fai un falò dei tuoi ricordi

In alcuni casi si può parlare di una sorta di "panico preventivo", in cui primeggia la "paura di avere paura" legata al primo attacco di panico. In queste situazioni non si vuole riprovare mai più l'esperienza dolorosa, e proprio questo ne rende indelebile il ricordo. Al contrario, in casi come questi bisognerebbe riuscire a spazzare via la storia passata, soprattutto se carica di sofferenza.

A tale scopo può essere utile un esercizio (che qui chiameremo "rituale dell'oblio") che di fatto ripropone una tecnica presente in tutte le culture e in tutte le tradizioni: una sorta di percorso di "purificazione" mentale per liberarci dai detriti emotivi che possono aprire la strada alla sofferenza.

> I "**detriti** emotivi" che causano sofferenza richiedono un percorso di **purificazione** mentale.

- Prendi un foglio bianco, siediti comodamente per terra con la schiena ben appoggiata al muro, oppure a un cuscino, e abbassa la luce ma non troppo: devi riuscire a scrivere.
- Quindi chiudi gli occhi e riporta alla mente quel momento terribile in cui sei stato male la prima volta (ricorda il luogo, le persone presenti, le sensazioni fisiche, i pensieri, la reazione...). Fai qualche respiro profondo, liberandoti dell'aria soffiandola fuori con forza, e comincia a scrivere sul foglio il ricordo, così come lo hai rievocato.

- Quando avrai terminato, riempi ancora di aria i polmoni e, mentre la "butti" fuori, energicamente strappa in tanti pezzi il tuo scritto, respirando e lacerando con forza il foglio.
- Recupera i pezzettini di carta, fanne una piccola montagnetta dentro un posacenere e, all'aperto, dai fuoco ai tuoi brutti ricordi.

ESERCIZIO 10

Il diario antipanico

Per chi soffre di attacchi di panico può essere d'aiuto compilare giornalmente un diario, dove verranno scrupolosamente annotati e descritti il contesto, gli orari, i luoghi e le circostanze in cui il panico si manifesta.

- Basta procurarsi un quaderno e dedicare 15 minuti al giorno a questo piccolo rito di "confessione", durante il quale dobbiamo essere molto sinceri e trascrivere tutto, anche i pensieri cattivi, le paure, i dettagli che possono apparire banali, gli incontri con le persone, le frasi non dette...
- Compilare il diario consente prima di tutto di definire meglio la "nostra" sintomatologia del panico, e poi fa sì che si prenda più confidenza con il disturbo che – pagina dopo pagina – perderà i connotati mostruosi e si trasformerà in qualcosa di familiare.
- Ogni volta che si affronta la trascrizione di una nuova giornata, è utile rileggere gli appunti dei giorni precedenti: emergerà un profilo di panico dal quale poco alla volta si sta prendendo distanza. Il solo fatto di scrivere e poi rileggere ha infatti un potere correttivo rispetto al disturbo, e può essere il punto di partenza per innescare quel cambiamento di rotta che porterà alla scomparsa del disagio.

TRA GLI ALTRI...

Quando il panico si fa strada in noi, la via di una psicoterapia è probabilmente la strada più sicura per ridare parola alle parti negate di noi stessi. Tuttavia,

> Non bisogna **sottovalutare** la capacità **autocurativa** che ognuno possiede dentro di sé.

non bisogna sottovalutare la capacità autocurativa che ognuno possiede dentro di sé.

E in questa prospettiva possono essere molto utili esercizi che ci aiutano a riprendere contatto con le nostre emozioni o che ci fanno sperimentare sensazioni diverse, anche se per un breve istante. L'aiuto di altre persone (partner, parenti, amici, colleghi, ma anche estranei) può far comprendere alla vittima del DAP che, proprio cedendo al panico e non combattendolo come un nemico, si può sfruttarne l'energia per "cambiare pelle" e scoprire nella vita nuovi percorsi, svincolati dagli schemi e dagli obblighi che col tempo hanno imprigionato chi soffre di panico dentro una ferrea corazza costrittiva.

Da parte loro, gli "altri" devono avere ben chiaro il loro ruolo e che cosa possono e devono fare per svolgerlo nel migliore dei modi.

Se si tratta del partner, è fondamentale che lui (o lei) mantenga un atteggiamento equilibrato nei confronti della persona che soffre. Durante le crisi, è indispensabile che il partner "sano" offra una presenza fisica rassicurante, fatta di coccole, carezze, abbracci. È sbagliato assecondare i tentativi di fuga delle vittime del panico, ma è un errore anche lasciarle completamente sole. La cosa primaria, tuttavia, è evitare che il panico si trasformi nella ragione di vita della coppia, nel collante malato dello stare insieme. Il rischio in questi casi è che, quando il disturbo si risolve, i partner perdano quello che era diventato l'unico terreno comune sul quale confrontarsi.

> Nella vita **famigliare**, il problema del panico non deve essere **marginale**, ma neanche il **fulcro**.

Se si tratta di parenti e famigliari, occorre che essi facciano capire a chi è vittima del panico che il suo problema non è il fulcro della vita famigliare, pur non essendo nemmeno qualcosa di marginale. Spesso infatti chi soffre tende a fagocitare l'interesse di tutta la famiglia, col rischio di un "contagio" generale: per questo, entro certi limiti, la vittima del panico non merita un eccesso di attenzione, un surplus di protezione né un trattamento speciale, altrimenti il rischio è che "abusi" del suo stato. Anche in questo caso, quindi, la cosa fondamentale è un atteggiamento "normale" ed equilibrato, aperto al colloquio, all'aiuto e al confronto.

Se si tratta di amici e colleghi, è la solidarietà che può aiutare moltissimo chi soffre di panico. Farlo sentire a suo agio, sereno, lo aiuterà a sdrammatizzare il problema. È utile che la vittima del DAP sia spronata a parlare del suo disturbo, a esternarlo: questo l'aiuta a non ingigantirlo, anzi, ne favorisce l'accettazione e il superamento.

Anche gli estranei hanno una loro importanza: il pubblico di un concerto allo stadio, gli automobilisti in fila in autostrada, i clienti di un supermarket affollato, sono tutte presenze da "sfruttare" per misurarsi con la propria capacità di vivere il panico anche in pubblico, senza quella vergogna e quella paura del giudizio altrui, che spesso contribuiscono a rendere la crisi ancora più devastante.

> Bisogna sfruttare le **occasioni** di vivere il panico anche **in pubblico**.

Ecco ora gli esercizi da fare in presenza degli altri.

ESERCIZIO 1

Rompi le regole

Una delle caratteristiche più temute del panico è proprio l'imprevedibilità: la crisi, infatti, in genere arriva senza preavviso, stravolgendo di colpo la percezione delle cose, un po' come accade per il colpo di fulmine. Ed è proprio imitandolo che possiamo scongiurarlo.

Come? Attuando volontariamente dei veri e propri acting out, ovvero delle "rotture di comportamento" che dolcemente, senza impor elo, ci facciano deviare dal personaggio che stiamo recitando e ci riportino sulla traiettoria che ci è più congeniale.

Ecco due esempi di esercizi di "rottura" da eseguire in presenza di altre persone, amiche (per esempio, i commensali coi quali siamo al ristorante), ma anche del tutto estranee (gli altri automobilisti in autostrada), che fungeranno da semplici spettatori delle nostre performance.

- Siamo al ristorante con alcuni amici, la cena diventa noiosa e si protrae più di quanto vorremmo. Invece di tener duro, sperando di resistere all'arrivo della crisi, decidiamo noi quando alzarci e porre fine alla serata. Non dobbiamo vergognarci di fronte agli altri né dobbiamo fornire loro delle giustificazioni. Ci basterà fare qualche passo all'aria aperta, con la certezza di non dover ritornare a tavola per forza, per ritrovare la calma.
- Siamo in autostrada, sigillati all'interno della nostra autovettura: una situazione spesso foriera di panico. Senza aspettare che arrivi l'attacco vero e proprio, e la carreggiata si restringa all'improvviso, costringendoci a una fermata d'emergenza in mezzo a decine di auto, guidiamo con la consapevolezza di poter imboccare un'uscita diversa da quella stabilita e, quando lo decidiamo, facciamolo. Dopo, ci sarà facile rientrare e arrivare a destinazione senza intoppi.

ESERCIZIO 2

Interrompi gli automatismi

Visto che la routine che connota le nostre giornate è uno dei principali fattori che ci candida al panico, l'antidoto più sicuro è uscire dalla rete di strategie collaudate in cui ci muoviamo. Come? Disimparando tutto!

> La routine ci candida al panico: l'antidoto è "**destabilizzare**", abbandonando le **strategie collaudate**.

Può sembrare destabilizzante, perché ci sradica dalle nostre sicurezze (o presunte tali), ma è un pedaggio da pagare per comprendere che non dare nulla per scontato, con noi stessi e nei rapporti con gli altri, significa non solo fluttuare nell'incerto, ma anche scoprire che i giochi non sono fatti e tutto è ancora possibile.

- Ogni mattina, quando ti svegli, anziché cominciare la giornata come un soldatino cui hanno impartito gli ordini, lasciati cullare per qualche minuto da una sensazione di piacevole incertezza, come se fluttuassi nella nebbia e poi, ogni volta che ti accorgi di compiere un'operazione consueta al solito modo, impegnati a... disimpararla, e svolgila diversamente.
- Devi agire come se avessi smarrito il libretto delle "istruzioni per l'uso"! Per esempio: arrivato al parcheggio non posteggiare con le solite manovre nel solito posto e non affidare le chiavi al custode come fai da anni; se vuoi declinare un invito, evita le solite scuse, ma esprimi chiaramente a chi ti invita il motivo vero per cui non ti va di partecipare; se stai corteggiando una collega d'ufficio, disdegna la solita tattica...
- Si tratta di arrivare all'azione in uno stato di "disorientamento attento", in cui guardi all'azione stessa come se fosse la prima volta che la compi, come se avessi dimenticato i soliti gesti. Da questo stato di "smemoratezza dell'abitudine" sgorgheranno nuovi modi di essere. Così facendo, ti toglierai gradualmente di dosso l'automatismo che rende necessario l'intervento dirompente del panico, e le crisi non avranno più ragion d'essere.

> Lo stato di "**smemoratezza** dell'abitudine" interrompe gli **automatismi** che "attirano" il panico.

PERCHÉ TI È UTILE

Chi soffre di crisi di panico è spesso una persona che si rifugia nella ripetitività di abitudini e schemi, ed è proprio questa fuga dalla mutevolezza del mondo reale che lo condanna. Inserire qualche bizzarria nella vita di tutti i giorni non è un fatto secondario: al contrario, ci insegna che solo chi è "tutto d'un pezzo" rischia di spezzarsi.

ESERCIZIO 3

"Disintossicare" la mente

Chi soffre di panico lo sa molto bene: ci sono luoghi (e spesso sono proprio quelli in cui ha fatto la sua comparsa il primo attacco di panico) che nell'immaginario si stampano come se fossero l'imbocco di un tunnel spaventoso di cui non si vede l'uscita. Si prova disagio anche solo a nominarli, a pensarci, e spesso, anche quando le crisi si diradano, restano luoghi tabù, dai quali tenersi a debita distanza.

"Adesso sto bene, ma l'autostrada preferisco non prenderla..." "Le cose vanno decisamente meglio, ma al supermercato da quella volta non ci sono più tornata..." Ecco le frasi classiche di chi collega il panico a un certo luogo.

Per **esorcizzare** il potere del panico servono **atti improvvisati**, che **spiazzano** e aprono a nuove situazioni.

Eppure un modo di esorcizzarne il potere esiste: basta riuscire a rompere il circolo vizioso associato a quelle situazioni con atti improvvisati che, distraendoci dallo scenario in cui si è generato il panico, ci spostano su un altro territorio, operando una vera e propria azione di rottura e di "disintossicazione" mentale.

- Prendiamo come esempio l'autostrada, luogo spesso temuto da chi soffre di attacchi di panico perché non consente fughe, se non alle uscite previste... L'hai appena imboccata e già senti crescere dentro di te quello stato di irrequietezza che conosci bene. Prima che l'attacco esploda e anche se non hai ancora sentori di malessere, fermati alla prima piazzola e... improvvisa: puoi cogliere dei fiori sul ciglio della strada, aprire il cofano e richiuderlo, cercare una canzone che ti piace alla radio e canticchiarla fino alla fine. Fatto questo, riprendi la marcia e dopo qualche chilometro ripeti l'operazione. Puoi fare la stessa cosa, cioè improvvisare, al supermercato, mentre fai la fila alla posta o mentre sei nella sala d'aspetto del dentista, insomma in tutte le situazioni che per te sono "a rischio".

PERCHÉ TI È UTILE

Spezzando la catena dei soliti comportamenti che provocano la crisi con esercizi di "estraniamento" come quelli che ti abbiamo proposto, allontani la paura di affrontare quella situazione, fino a farla svanire del tutto.

ESERCIZIO 4

Imita l'onda che non si oppone mai

Si racconta che uno psichiatra un giorno domandò a un famoso saggio indiano: "Che cos'ha lei che io non ho?". Il maestro rispose: "Io lascio che tutto il mondo entri dentro di me così com'è, dolcemente, e lo lascio allontanare affinché nulla accada, senza che io sappia che è accaduto".

> Non opporsi, **cedere**, è più efficace che tentare di **evitare** le situazioni che **innescano** la crisi.

In questa illuminante affermazione possiamo leggere una delle regole fondamentali antipanico: la non opposizione, la cedevolezza, ovvero l'esatto contrario dell'evitamento, modalità comportamentale tipica di chi soffre di questo disturbo.

Una situazione mi è sgradita? Faccio di tutto per evitarla.

Una persona mi è antipatica? Cerco in ogni modo di non incontrarla.

L'alibi che legittima l'evitamento è: "Altrimenti mi viene l'attacco". Ma è proprio questa logica a restringere sempre di più il nostro territorio, fino a farci diventare ostaggi di noi stessi!

Utilizzando la tecnica della "non-opposizione", invece, puoi operare un'inversione di rotta e allargare il tuo campo d'azione.

- Hai un incontro di lavoro in un ristorante affollato, che potrebbe provocarti un attacco di panico. Oppure, il partner ti propone un weekend in un luogo isolato, dove neanche il cellulare prende e già al pensiero ti senti agitato. O ancora, sei costretto a partecipare alla riunione annuale della tua famiglia nella casa di campagna dei nonni, che prevede un weekend di full immersion con decine di parenti... Invece di accampare una scusa per evitare la situazione, vacci, in uno stato di totale accettazione.
- Ti accorgerai che non opponendoti in nessun modo alla situazione, e nemmeno alle tue paure, ti verranno incontro immagini, sensazioni, parole che ti sorprenderanno piacevolmente. Come se il setaccio con cui sei solito "scremare" la realtà avesse fori molto più larghi, che lasciano passare tutto.

- Con la stessa tranquillità lascia poi che la situazione da cui ti sei fatto invadere si allontani, come l'onda che va e viene: vedrai che, quando la riaffronterai, ti farà sempre meno paura.

PERCHÉ TI È UTILE

Imparare ad abbandonarsi è la vera chiave per comprendere che cosa vuole da noi il panico. Noi ci opponiamo con tutte le forze alle energie che ci abitano, e loro ci travolgono. Se impariamo, con calma, a "lasciare accadere" le cose e le emozioni, la nostra vita diventa più "larga" e il nostro benessere più vicino.

ESERCIZIO 5

È arrivata l'ora... di mandarti al diavolo!

Quando vivi ogni situazione come una "prova del fuoco", se in ogni frangente ti senti controllato dallo sguardo di un invisibile giudice, se temi come la peste l'eventualità di fare una brutta figura, è segno che uno dei vizi maggiormente responsabili del tuo malessere è quello di prenderti troppo sul serio e che hai l'assillo di "fare bella figura" davanti agli altri.

> Non prenderti troppo **sul serio**: non tutto è una "prova del fuoco", non importa far sempre **bella figura**.

Si spiega così la funzione liberatoria del panico che, scardinandoti da un'identità costrittiva, ti catapulta fuori dagli schemi e dal giudizio (vero o presunto) di chi ti sta accanto. Esiste però un modo decisamente meno drastico per riappropriarti della libertà che ti sei via via negato. Invece di stringere i denti e concentrarti al massimo, prima di scendere nell'arena, prova a dirti: "Ma va' al diavolo!". Ecco alcune situazioni "tipo" in cui puoi farlo.

- È ormai imminente la riunione nel corso della quale presenterai il progetto su cui hai investito tanto: se va bene la promozione è sicura, ma se fallisci ti toccheranno i rimbrotti dei capi e i "sorrisetti" ironici dei tuoi colleghi...
- Il partner ti ha appena detto che stasera dovrete parlare: il tono era perentorio... O trovi le parole giuste o la rottura è inevitabile!

- Ancora prima di sederti a tavola insieme al gruppo dei tuoi zii e cugini, c'è un'esplosione di battute al vetriolo e occhiatacce. E tu non riesci a mediare, tra quei parenti che da anni ti ostini a voler tenere per forza insieme, riuniti intorno alla mensa in occasione di certe ricorrenze...
- Quale che sia la situazione "pesante" che stai vivendo, il corpo risponde allo stesso modo: oppressione al torace, respiro corto, mani che sudano, impulso irresistibile alla fuga... Stop, ferma tutto! Trovati un luogo appartato, lontano da chi ti possa vedere: respira profondamente e con tutta la forza che hai... mandati al diavolo! Ripetilo ancora, ogni volta con meno veemenza, lasciando che la tensione si allenti e il corpo ritrovi tranquillità. Ripetilo ancora una volta, adesso con dolcezza, e mentre lo dici, immagina di veder crollare tutto il peso che ti sentivi addosso e guardalo sbriciolarsi, come terra che diventa polvere e poi sfuma nel vento.

PERCHÉ TI È UTILE

Adesso sei pronto ad agire e a tornare in mezzo agli altri, con una leggerezza che ti faciliterà ogni mossa. Ciò che hai distrutto è solo il peso inutile di cui hai caricato te stesso e la situazione che vivi. Polverizzato quello, ti resta la vita.

ESERCIZIO 6

Hai un leone dentro? Ruggisci!

Formale, rigoroso, intransigente con se stesso e gli altri, ed estremamente perfezionista: nell'identikit classico del soggetto vittima del panico, il grande assente è l'istinto che, tenuto sottochiave in ogni situazione, esplode poi nella crisi, frantumando l'autocontrollo.

> Nell'identikit della vittima del panico, il grande **assente** è l'**istinto**.

Come rimettere allora in circolo l'istinto, ottenendo in modo non traumatico il riequilibrio che il panico mira a realizzare?

Basta far riaffiorare le forze più arcaiche presenti in noi che, per esempio, si condensano nella forma di un animale. È una libera rielaborazione di un antico rituale pellerossa: per gli indiani d'America, infatti, la relazione uomo-animale era sacra.

Quando l'indiano contemplava l'animale, si proiettava in lui e riusciva a guardare il mondo con i suoi occhi, come se tra loro esistesse un rapporto di identità. Questo consentiva all'uomo di attivare dal profondo del suo essere le qualità presenti nell'animale che gli stava di fronte, e di mantenere così un filo diretto con il proprio istinto, che gli suggeriva soluzioni e comportamenti inaccessibili alla mente razionale.

- Mettiti comodo, seduto con la schiena ben diritta, chiudi gli occhi e, quando avrai raggiunto uno stato di rilassamento, visualizza l'animale che più ti piace, nei confronti del quale nutri un'immediata affinità. Lascia per qualche istante che l'immagine dell'animale prenda corpo, fino ad attivare in te le qualità che lo caratterizzano: aggressività se si tratta di un leone, dolcezza se hai scelto un cerbiatto, oppure regalità se hai preferito un'aquila.
- Per tutto l'arco della giornata tieni ben presente dentro di te l'animale che hai visualizzato e in momenti particolari, come più ti piace, prova a identificarti con lui.
- Devi risolvere un problema? Segui la tattica dell'animale che ti è più congeniale. Stai facendo una passeggiata? Imita le sue movenze. Fai l'amore col tuo partner? Esprimi nella gestualità, nella voce, nelle posizioni, l'energia specifica che sprigiona da quell'animale.
- Continua a fare l'esercizio ogni giorno, allargando il ventaglio delle situazioni nelle quali puoi immedesimarti con il tuo animale tipo. Ti accorgerai che, senza sforzo, riacquisterai spontaneità e disinvoltura, ti sarà più facile agire per istinto o decidere d'impulso e le crisi cominceranno a diradarsi sensibilmente.

ESERCIZIO 7

Tremi di paura? Riscaldati nell'abbraccio

La nostra attuale società è molto diffidente nei confronti del contatto fisico: le persone temono di toccarsi, di sfiorarsi, di farsi massaggiare, di accarezzare... Anche questa distanza può creare chiusure e rigidità a livello fisico, e aprire la strada all'instaurarsi del panico.

Tutte le tradizioni invece sottolineano l'importanza terapeutica del contatto fisico, che si esprime soprattutto attraverso il massaggio. L'altra modalità altamente "curativa", e che ha il valore terapeutico del maternage, è rappresentata dall'abbraccio: un gesto semplice, naturale, "primordiale" che ci fa sentire protetti e fa circolare energia e calore tra le persone, elementi che vengono meno quando si è travolti dall'attacco di panico.

> L'importanza **terapeutica** del contatto fisico si dimostra nel semplice e primordiale gesto dell'**abbraccio**.

- Per questo, ogni volta che senti arrivare le avvisaglie della crisi, se al tuo fianco c'è qualcuno con cui ti senti a tuo agio, chiedigli di abbracciarti: non importa se è una persona nota o poco conosciuta, l'essenziale è che ti dia un senso di accoglienza e di presenza.
- Abbandonati nelle braccia dell'altro come se ti rifugiassi in un porto sicuro, e lasciati andare alle sensazioni che l'abbraccio ti comunica: calore, emozioni tattili, odori... Cerca di non abbassare troppo la testa ma tieni il capo in modo che tu possa respirare liberamente, visto che uno dei sintomi tipici del panico è la sensazione di soffocamento.
- Può bastare un abbraccio intenso di pochi secondi per sciogliere la tensione e scongiurare la crisi.

ESERCIZIO 8

Lasciati cadere...

In genere, chi soffre di panico è una persona piuttosto contratta, frenata, impettita: queste caratteristiche sono rilevabili anche a livello fisico, e si manifestano con tensioni muscolari, portamento ingessato, poca scioltezza e fluidità dei movimenti.

Soprattutto, le vittime del panico sono incapaci di lasciarsi andare: non solo dal punto di vista psicologico, ma anche in senso fisico. Per loro, dunque, può essere utilissimo un esercizio da eseguire con l'aiuto del partner, di un amico o un parente, che li incoraggi ad affidarsi agli altri con maggiore fiducia.

- Mettiti in un luogo appartato e accogliente, possibilmente in penombra. Togliti le scarpe e resta a piedi nudi; l'ideale sarebbe indossare abiti comodi.
- In piedi, volta la schiena al partner e poniti a una distanza di 30-40 centimetri. Chiudi gli occhi e cerca di visualizzare il tuo corpo, partendo dai piedi nudi che percepiscono il contatto con il pavimento fino a risalire verso l'alto, le spalle, la testa, i capelli...
- Ora inizia a ondeggiare leggermente avanti e indietro e poi, senza pensarci troppo, lasciati andare all'indietro senza paura, fino a sperimentare l'abbraccio accogliente della persona amica che ti sorreggerà.
- Puoi eseguire questo esercizio anche da solo, posizionandoti ai piedi di un letto, di un divano morbido o di una piscina.

PRONTO SOCCORSO ANTIPANICO

Ecco, infine, in rapida sintesi, un prontuario che elenca e riassume i comportamenti giusti e quelli sbagliati per prevenire e affrontare l'attacco di panico quando si percepisce che si sta avvicinando o quando la crisi ha già iniziato a manifestarsi.

❖ SÌ

- *Cedi e ripeti più volte: "Fai di me ciò che vuoi"*. Contrariamente a quanto si crede, non si deve resistere all'attacco, bensì cedere, crollare. Devi lasciarti andare completamente e, in questo stato di abbandono totale, inizia a pronunciare sottovoce queste parole: "Panico, vieni pure e fai di me ciò che vuoi". È questo il modo migliore per ridimensionare l'attacco e vederlo scomparire al più presto.
- *Abbandona il luogo in cui la crisi si è manifestata*. Quando senti che la crisi si sta dissolvendo, allontanati per un po' dal luogo in cui è esploso l'attacco. Se non lo puoi fare (per esempio, se ti trovi rinchiuso nell'abitacolo dell'auto in colonna e non riesci a scendere), cerca comunque di estraniarti mentalmente dalla scena e di pensare ad altro.
- *Cerca la comodità*. Nel momento in cui l'attacco di panico esplode, è fondamentale mettersi comodi: allenta le costrizioni al collo (provocate, per esempio, da cravatte o foulard), slaccia gli indumenti stretti (giacche, camicie, pantaloni, reggiseni e corsetti), togli le scarpe e, se ce l'hai, il cappello. Più sei comodo, libero e leggero, più velocemente la crisi svanirà.
- *Ti serve più aria!* Spesso il panico si manifesta con una sensazione di soffocamento, a maggior ragione quando la crisi arriva in un ambiente chiuso: per questo, nel momento in cui ti senti male, cerca sempre di respirare aria fresca aprendo una finestra o, se sei all'aperto in pieno sole, cercando una zona d'ombra.
- *Affidati a chi ti è vicino*. Quando il DAP si manifesta in presenza di altre persone e tu temi di non riuscire a fronteggiare l'attacco, non aver paura di chiedere conforto. E se sei da solo, telefona a una persona amica e parla di quello che ti sta accadendo.
- *Trova il contatto*. Per far allontanare più rapidamente la crisi, è importante anche sentirsi fisicamente sostenuti e accolti. Se qualcuno è vicino a te durante l'attacco, cerca l'abbraccio, lasciati avvolgere dal calore del contatto: così inneschi dei meccanismi di autoguarigione.
- *Concentrati sulle sensazioni fisiche*. Il panico nasce spesso dall'accumulo di pensieri ossessivi. Per questo, durante la crisi (ma anche pri-

ma, quando se ne manifestano le avvisaglie) è utile "staccare la testa" e concentrarsi totalmente sulle sensazioni fisiche, gli odori, le impressioni tattili, le voci, i suoni... Così la mente si "distrae" e il panico svanisce.

- *Grida o gesticola*. Proprio come fanno i bambini quando vogliono allontanare incubi e paure (e come facevano gli uomini delle civiltà primitive per esorcizzare il nemico o la paura di eventi naturali devastanti), quando la crisi è al culmine non trattenerti, ma lascia uscire allo scoperto le sensazioni. Urla, gesticola, salta, batti i piedi... In questo modo scarichi le tensioni e diluisci i sintomi.

❖ NO

- *Non resistere all'attacco di panico*. Se ti opponi alla crisi, l'unico risultato che otterrai è quello di amplificarne i sintomi. Per questo, quando il panico arriva, fagli strada, crolla, cedi, molla la presa... Lasciagli tutto lo spazio che vuole prendersi, e se ne andrà naturalmente.

- *Non fingere che non stia accadendo nulla*. Negare che la crisi sia in atto non è il modo giusto per affrontarla. Più tu neghi di stare male e più ti riempi di ansia, di paura: inizierai a respirare sempre peggio, il cuore batterà a ritmo ancora più incalzante... Accetta serenamente quello che sta accadendo e calati nell'evento: essere totalmente presenti a se stessi è il modo migliore per vivere e superare il panico.

- *Non respirare in maniera concitata*. Il panico in molti casi scatena la "fame d'aria", ma non è accelerando il ritmo respiratorio che puoi risolvere il sintomo. Così facendo, infatti, mandi il sangue in alcalosi, una situazione che peggiora tutto il quadro clinico...

- *Evita di mangiare e bere*. Spesso il panico si manifesta anche con sintomi gastrici, quali nausea, mal di pancia, gonfiore addominale. Per questo, durante la crisi, è meglio non cercare conforto in cibi o bevande, che rischiano di complicare ulteriormente il quadro sintomatologico dell'attacco.

- *Non prendere tranquillanti*. È la cosa peggiore che tu possa fare. Gli ansiolitici risolvono il problema al momento, ma quando il loro effetto svanisce la situazione torna come prima. Ricorda che il panico è un sintomo di qualcosa che non va nella tua esistenza, è un campanello d'allarme che ti dice che non stai vivendo in modo conforme alla tua vera natura: se lo zittisci a suon di pillole, non lo affronti. E il panico puntualmente ritornerà.

LE STORIE
DI CHI CE L'HA FATTA

9

OLTRE IL PANICO

In questo capitolo sono stati raccolti alcuni casi emblematici legati agli errori, alle "forzature esistenziali", agli ingorghi emotivi che sono alla base degli episodi di DAP. Sono storie autentiche raccontate dai pazienti – uomini e donne di tutte le età – che negli anni si sono affidati alla consulenza psicoterapeutica degli esperti dell'Istituto Riza, ricercando un aiuto per guarire dal panico e per evitare (o eliminare, se già in atto) il ricorso agli psicofarmaci. Ogni caso viene presentato con la narrazione dell'antefatto, seguito da un commento e dalla descrizione di ciò che ha aiutato il paziente a superare il problema.

IL RIFIUTO DEGLI PSICOFARMACI

"Ho spezzato la frusta al domatore"

Anna è una donna di 39 anni e da qualche mese sperimenta un disagio che le impedisce di condurre una vita sociale normale: non riesce a stare in un locale pubblico – un ristorante, un bar, una discoteca, un cinema, un teatro – per più di qualche minuto.

Se si ferma più a lungo, il suo corpo si ribella: vampate di calore, capogiri fortissimi, la sensazione di stare per svenire... Ma, soprattutto, l'angoscia terribile di essere sul punto di perdere il controllo di se stessa, di poter fare o dire cose che possano mettere in imbarazzo lei o le persone che le stanno attorno, persone "importanti" e influenti a livello pubblico, amicizie che Anna non gradisce più di tanto, ma che è costretta a frequentare da quando ha sposato Andrea, un architetto dal futuro promettente che lavora in uno studio prestigioso della città.

La radice del disagio

"Purtroppo, anche se sto malissimo, non posso esimermi dal seguire mio marito nelle sue uscite sociali: tutti ci apprezzano come coppia e lui, in questo momento della sua carriera, ha bisogno di coltivare nuovi contatti per la sua professione."

> Per **partecipare** alla vita sociale nonostante il panico, ci facciamo **prescrivere** un ansiolitico...

La necessità di dover comunque partecipare alla vita sociale del marito ha convinto Anna a farsi prescrivere un ansiolitico.

"All'inizio ero molto fiduciosa, poi però mi sono resa conto che gli attacchi non smettevano. L'ansia di tanto in tanto si placava, ma io vivevo come in una bolla di vetro, sempre più distaccata, lontana dalla realtà, come stordita. Avevo perso la mia lucidità, non ero più 'sanguigna' e passionale com'è nella mia natura. Mi sentivo stranamente calma, intorpidita e mansueta: come una tigre addomesticata in un circo."

> Con le medicine si finisce per vivere come in una "**bolla di vetro**".

La svolta

Insoddisfatta della soluzione farmacologica, Anna si decide a iniziare una psicoterapia. Seduta dopo seduta comincia a sentirsi più forte, più autonoma, più sicura di sé, ed è così che prende la grande decisione di liberarsi degli psicofarmaci.

Gradualmente Anna inizia a ridurre le "maledette gocce" (come le chiama lei) e, in meno di un mese, smette del tutto di prenderle.

Ed ecco che, la notte del primo giorno vissuto senza psicofarmaci, Anna fa un sogno: "È un'immagine nitidissima: vedo me stessa mentre asporto dalla mia testa manciate di insetti brulicanti. Sono insetti neri, simili a scarafaggi, ma non mi fanno paura, anzi: sono felice perché me li sto togliendo via tutti".

Rifiutare gli psicofarmaci, per vivere finalmente una vita "vera"

Il farmaco controlla il sintomo, ma mette anche a tacere la vitalità di Anna. Quando lei smette di prendere le gocce, l'ansia torna a manifestarsi, ricompare il malessere durante le uscite nei locali pubblici, ma questa volta Anna non cede e decide di affrontare il disagio guardandolo in faccia.

Prosegue la psicoterapia e, durante i colloqui, inizia a confrontarsi con gli insetti neri apparsi in sogno: capisce che questi altro non sono che i suoi "cattivi pensieri", e rappresentano simbolicamente il desiderio di dire "no" a un ruolo che le è estraneo, quello di moglie perbene, "a modo" e gentile con tutti: un personaggio che proprio non appartiene alla sua indole "selvatica".

Poco alla volta, tutto le diventa chiaro: Anna sta vivendo una vita non sua e non è più libera di essere se stessa, cioè una donna spontanea, giocosa e poco amante delle convenzioni. Così comincia a rivendicare i propri spazi, si rifiuta di uscire con persone che non le piacciono: il marito dapprima rimane perplesso, ma poi comprende che Anna ha il diritto di essere quello che è, una "donna non addomesticabile", che non deve essere messa in gabbia.

PANICO E PRIGIONI ESISTENZIALI

"Ero chiusa in me stessa e piena di rabbia"

Da piccola Daria, che viene in terapia a 25 anni per liberarsi dal panico, si sentiva ripetere spesso che era una bambina cattiva. Al fratello, nato con un lieve handicap, era concesso tutto, erano permessi tutti i capricci, ma a lei no: doveva essere buona e basta. E la sua bontà non bastava mai, c'era sempre qualcosa che avrebbe potuto fare "di più".

In famiglia spesso una personalità **originale** viene vista come una "devianza" da reprimere o tenere **sotto controllo**.

Daria però aveva una personalità vulcanica, esplosiva, curiosa verso qualunque forma di esperienza che purtroppo in famiglia veniva vista come qualcosa di "deviante", da reprimere o, comunque, da tenere sotto controllo.

La radice del disagio

Genitori molto rigidi, una scuola privata diretta da suore, scarse frequentazioni – solo con amici noiosi selezionati dalla famiglia – poco alla volta piegano il carattere impetuoso di Daria, ma contemporaneamente aprono anche la strada alle crisi di panico.

Così Daria, a 25 anni si spegne, si blocca, come invecchiata di colpo: ha paura di uscire da sola, non riesce più a guidare l'auto e soffre anche di un altro strano sintomo: di punto in bianco non riesce più a parlare. Come vittima di un oscuro incantesimo, le parole sfuggono alla sua mente, non riesce a costruire la frase più semplice, balbetta, ammutolisce. E quando sente che le parole vengono meno, Daria fugge, cerca un luogo solitario, al riparo da sguardi indiscreti o, peggio, pieni di commiserazione: un luogo protetto, dove poter sfogare le sue lacrime di rabbia e impotenza.

La svolta

In una seduta in cui il terapeuta, provocatoriamente, la mette di fronte alla vita protetta che in fondo il panico le consente di fare, Daria si arrabbia, diventa paonazza, ma poi si blocca, non riesce più a parlare e per poco non sviene. Lo scatto d'ira si trasforma in una crisi di panico, la più violenta che abbia mai sperimentato e, per di più, in presenza di una persona amica (il terapeuta), che accoglie il suo sfogo come un evento catartico. "È come sentire un mostro cattivo che erompe dentro di me" dice Daria, per descrivere il suo DAP.

Così in terapia nasce il gioco del mostro di Loch Ness (la spaventosa creatura che, secondo una leggenda, si agita sui fondali di un lago scozzese): ogni volta che Daria non riesce più a parlare o si sente mancare, si ferma un attimo a occhi chiusi e chiede al "suo" mostro cosa vorrebbe fare. Ecco la sua risposta, che Daria riferisce in terapia: "Vorrei spaccare, rompere le pareti della prigione in cui sono rinchiusa da anni... Vorrei essere violenta, cattiva, trasgressiva: vorrei essere quella strega che vive dentro di me, ma non ce la faccio. Perché?".

Il gioco del mostro e l'ebbrezza della velocità risvegliano l'istinto

Dopo altre sedute contrassegnate da esplosioni di rabbia furibonda, Daria prende una decisione: se non riesce più a guidare l'auto, vorrà dire che prenderà una moto e una sera – in effetti – si presenta in terapia con un casco nero e una tuta di pelle borchiata. Dice di sentirsi meglio, confessa che la moto le ha dato sicurezza e l'ebbrezza della velocità, "sentire il vento fra i capelli" ha risvegliato istinti che sembravano sepolti da secoli, imprigionati nei fondali melmosi del lago di Loch Ness.

> **Non riesco** più a guidare l'auto? Casco nero e tuta di pelle borchiata... Vorrà dire che **guiderò** la moto!

Poi a un motoraduno incontra un "centauro" che immediatamente si innamora della vitalità e dello spirito "selvaggio" che ora Daria sprigiona da tutti i pori. Superata la crisi, i sensi, l'istinto e la spontaneità illuminano nuovamente l'esistenza di Daria: se avverte tensione o sente che le parole s'inceppano ancora, fa immediatamente un gesto con la mano, come per sferrare un pugno simbolico al mostro davanti a lei. E come per incanto il panico svanisce e le parole ritornano.

"Ho lasciato il set per la mia chitarra"

"Qualche tempo fa" racconta Mauro, regista televisivo di 48 anni, "il timore di non portare a termine la produzione e di fallire l'obiettivo si è trasformato in una micidiale lotta contro il tempo. Ogni volta, terminata la produzione, il mio cervello si svegliava in piena notte, voleva lavorare e mi spingeva ad alzarmi: questo continuo stress poco alla volta si è trasformato in veri e propri attacchi di panico, che si manifestavano con sensazione di soffocamento, paura della morte e vertigini anche e soprattutto nei momenti critici, durante una diretta o una ripresa importanti, obbligandomi a correre alla toilette per non farmi vedere da tutti in quello stato pietoso. Perché gli altri mi ritengono un panzer, un uomo forte, e non posso distruggere questa mia immagine."

La radice del disagio

Mauro fa il suo lavoro da 25 anni ed è molto apprezzato nel suo ambiente: è un professionista creativo, serio, meticoloso, ed è uno dei pilastri dell'emittente privata in cui lavora.

> Anche chi sembra forte e **appagato**, può sentire dentro qualcosa che **non va**.

Apparentemente è un uomo forte e appagato, eppure dentro di lui qualcosa non va: "È come se nel mio inconscio ci fosse un granello di sabbia che, di tanto in tanto, blocca gli ingranaggi del mio 'orologio interno' e mi dice che nella vita potrei – e vorrei – fare dell'altro" spiega allo psicoterapeuta, al quale si rivolge per tentare di risolvere il suo disagio dopo il fallimento di una terapia a base di ansiolitici.

> Spesso ci si rivolge allo psicoterapeuta dopo il **fallimento** di una terapia con gli **ansiolitici**.

"Eppure, per chi mi vede dall'esterno, la mia professione sembra il massimo della creatività, della mondanità. Sembra che io abbia il mondo ai miei piedi, che tutto vada per il verso giusto. Io purtroppo non la vivo così, ed è per questo che spesso sto male..."

La svolta

In questo panorama di latente insoddisfazione che il panico porta di tanto in tanto allo scoperto, a un certo punto si inserisce nella vita di Mauro un elemento che si rivelerà determinante: "Un bel giorno, senza rendermene conto, mi è tornata alla mente una grande passione giovanile: la musica. Ero in un pub con alcuni colleghi, dopo il lavoro, e per puro caso assisto a un concertino improvvisato di alcuni ragazzi che suonavano vecchi pezzi blues. Li guardavo e mi sono reso conto di quanto fossero felici ed entusiasti della loro musica. Sì, quei ragazzi, in un bar anonimo in una sera qualunque, si stavano godendo la vita. Così le note hanno agito su di me come un elisir, come un fluido rivitalizzante che mi ha spalancato nuove prospettive, che mi ha dato energia...".

In effetti, la passione di Mauro per la musica, a causa del lavoro, si era progressivamente trasformata in un hobby saltuario e marginale. Eppure, il "sacro fuoco" non si era mai spento.

> Una **passione** si è trasformata in un hobby saltuario e marginale: ma il "sacro fuoco" cova **sotto la cenere**.

"Dopo quella serata, ho voluto ridare alla chitarra e alla composizione molto più spazio, tornando anche a suonare in pubblico" racconta Mauro. "Da qui è cominciata la mia risalita e, grazie alla musica, ho avuto la conferma che ero vivo, creativo, e sono riuscito finalmente a sconfiggere i miei pensieri di morte."

Una passione dimenticata dà una sferzata alla vita

Riprendere un'attività interrotta per motivi di tempo o lavoro è un modo per dare spazio alla creatività e per distogliere la mente dagli obiettivi, dal risultato da conseguire a tutti i costi.

Dare il giusto spazio al talento o a una passione significa rifiutare la passività, la routine, la tendenza a farsi imprigionare in un personaggio (spesso legato al proprio ruolo professionale o sociale) e la paura di perdere il controllo della situazione: tutti fatti che spesso giocano brutti scherzi a molte persone "in carriera", proprio come Mauro.

La capacità di adattamento, la disponibilità a cambiare, la possibilità di ridimensionare il controllo della mente sui nostri comportamenti sono "doti" da recuperare, per non farsi sommergere dall'ansia. E la musica, che ha dato il "la" al cambio di vita di Mauro, è proprio la quintessenza della creatività e del piacere di vivere.

PANICO E LUOGHI DEGLI AFFETTI

"La mia casa era diventata un carcere"

Salvatore, 35 anni, figlio unico single che vive tuttora con la madre vedova (il padre è morto quando lui era ragazzo), non riesce più a uscire di casa da solo: il primo attacco di panico, con tachicardia e un forte senso di soffocamento, si è presentato all'improvviso, mentre era in casa, a tavola. Da allora (sono trascorsi due mesi) le crisi si sono ripetute ogni due o tre giorni. Prima di quell'episodio, Salvatore soffriva ciclicamente di crisi d'ansia (soprattutto nei luoghi affollati, nei tunnel autostradali o quando doveva affrontare situazioni impegnative come incontri galanti o appuntamenti di lavoro), e ora inizia a escludere dalla sua vita tutte le situazioni potenzialmente foriere di panico.

In terapia racconta di un rapporto molto stretto, di un forte "cordone ombelicale" con la madre casalinga. Ha un buon lavoro, ma continua ad abitare con lei: ha pensato qualche volta di cercarsi una casa, ma mai seriamente...

La radice del disagio

Le forze del femminile abitano tutti noi, uomini e donne. Ma può succedere che il nostro comportamento e quello dei nostri genitori a un certo punto spingano una di queste forze a "debordare" dal suo spazio fino a occupare anche aspetti che non le competerebbero. È questo il caso di Salvatore, ingabbiato in una casa e in un rapporto famigliare da cui non sa uscire: nella sua vita la dea del focolare domestico (ovvero sua madre) è troppo invadente, e qualcosa la dovrebbe ridimensionare.

> Guai a restare **ingabbiati** in una casa e in un nucleo famigliare troppo **confortevole**... e invadente!

Ecco allora emergere la forza del panico, che con violenza cerca di far comprendere a Salvatore che – come persona e come uomo – ha bisogno di riconquistare il suo spazio.

La svolta

Un bel giorno, Salvatore prende una decisione: ha bisogno di una casa tutta sua, nella quale vivere finalmente da solo. Dà incarico a un'agenzia di trovargli un appartamento in affitto e comunica la sua decisione alla madre, che non approva.

> Mettere in discussione un **rapporto** può essere vissuto dagli altri come un "tradimento": ma guai a restare **invischiati**...

La donna gli mette il muso e inizia a trattarlo male, come se lui, con la sua decisione di autonomia, avesse tradito le sue aspettative e una tacita promessa di "sudditanza" tra madre e figlio.

Salvatore poco alla volta comprende il tranello nel qual(era caduto e si dà da fare per traslocare il più presto possibile. Per evitare il contatto rancoroso con la mamma, inizia a mangiare e dormire a casa di un collega.

E le crisi di panico, guarda caso, cominciano a diradarsi.

Ascoltare il bisogno di libertà e di autonomia è il primo passo per superare il panico

Per ridurre il bisogno di accoglienza e di sicurezza casalinga è necessario stimolare la voglia di libertà: deve insomma entrare in scena una parte più battagliera di noi, che sgomberi il campo da quella forma di pigrizia e di inerzia che spesso costituiscono il terreno di coltura del panico.

Il punto di svolta, per Salvatore, è stato quando ha iniziato a pensare di andare a vivere per conto proprio e intanto ha cominciato ad autonomizzarsi in casa (per esempio cucinando o mettendo in ordine la propria stanza). In questo modo, Salvatore non solo è "cresciuto" ma si è anche fortificato, riuscendo finalmente a fronteggiare l'invadenza di una madre che, nell'intento di facilitargli l'esistenza, in realtà lo soffocava.

PANICO E CRISI DI IDENTITÀ

"Non posso permettermi di sbagliare"

Livia, affermata oncologa in un grande ospedale del Nord e nota nell'ambiente medico per la sua professionalità e il suo rigore, arriva in terapia lamentando attacchi di panico che si presentano già da qualche mese con frequenza e intensità sempre maggiori. Appare come una donna incerta e spaventata, proprio lei che ha fatto della sicurezza e del rigore le sue armi vincenti.

Dice di sé: "Quando sono in ospedale devo comportarmi da medico e dimenticare di essere una donna: mi hanno insegnato così. Sono sempre a contatto con la sofferenza e non posso permettermi di essere coinvolta, altrimenti rischierei di sbagliare...".

La radice del disagio

È opinione ancora diffusa che esistano professioni maschili e femminili, anche se dovrebbe essere una convinzione ormai obsoleta. Anche se la situazione è notevolmente cambiata, alcuni retaggi esistono tuttora, e le donne vi si adeguano, pronte non solo a dimostrare di essere affidabili e competenti, ma anche ad assumere atteggiamenti e comportamenti peculiarmente maschili.

Così, però, emarginano la loro parte più materna e femminile che – proprio attraverso il panico – le "chiama" a riappropriarsi di un ruolo più naturale.

> Se **emarginiamo** la parte più naturale di noi stessi, il panico ci "chiama" a **riprendere contatto** con lei.

La svolta

A un certo punto in reparto arriva un nuovo collega, Marco: è un giovane medico siciliano che ha fatto esperienza in campo oncologico in giro per il mondo. Una persona calda e dai modi galanti, che viene subito affascinata dal carisma di Livia. Tra i due si sviluppa immediatamente una forte attrazione che, da professionale, diventa a poco a poco un'intesa personale. Livia, che non si è mai piaciuta come donna e da sempre ha privilegiato il suo lato "maschile", si sente trasformata: la mattina si trucca a lungo prima di andare in ospedale, sceglie con più cura i vestiti da indossare sotto il camice, cambia pettinatura, si regala un nuovo profumo...

Non è la ragione che glielo impone: è una forza potente e irrazionale che la spinge ad agire così, come non aveva mai fatto prima. È come se qualcosa l'avesse ammorbidita, come se un sortilegio si fosse finalmente rotto: in pochi mesi, Livia e Marco si fidanzano e decidono di andare a vivere insieme.

E il panico, ormai, non è che un ricordo lontano.

Ridare spazio all'istinto isola il panico e aiuta a superarlo

Quanti di noi reprimono la loro carica sensuale dietro una corazza o un "abito" professionale? Quanti vivono la sessualità come un aspetto non indispensabile dell'esistenza, o addirittura come qualcosa da nascondere? Ma in questo modo l'eros si inaridisce e il corpo si assopisce: solo il panico, con la sua forza dirompente, potrà tornare a risvegliarlo.

Così è accaduto a Livia: lei aveva eliminato il fascino, la tenerezza, il mistero, la sensualità, diventando poco alla volta la brutta copia di qualcuno che in realtà non esiste. Così per lunghi anni ha rinunciato a una parte di sé – quella femminile – che può svolgere una funzione importante anche sul lavoro (in ambito medico, per esempio, il fascino di una donna, la sua elasticità mentale, la sua dolcezza, il suo senso materno giocano un ruolo fondamentale nella relazione terapeutica con il paziente), e ha alimentato il disagio e il malessere che alla fine hanno scatenato il panico. Il collega Marco ha agito da "interruttore" per riaccendere magicamente la sua femminilità: sentirsi donna, e non solo medico, ha restituito a Livia un equilibrio e l'ha guarita dal panico.

PANICO E CONVENZIONI

"Mi sono separata, ho un nuovo compagno ma rimpiango il matrimonio"

Clelia ha 34 anni, si è sposata e poi si è separata, ed è mamma di una bambina di 6 anni.

"Tra me e mio marito non c'era più passione, il fuoco si era spento" racconta in terapia. "Così dopo anni di crisi, di ripensamenti e di attacchi di panico sempre più frequenti, ho deciso di lasciarlo, scatenando la fine del mondo."

Le famiglie di Clelia e di Paolo (il marito), infatti, avevano parecchi interessi in comune dal punto di vista imprenditoriale, e la fine del matrimonio aveva messo sottosopra anche gli interessi economici...

La radice del disagio

"I nostri genitori ci avevano fatti conoscere fin da ragazzini e avevano fatto di tutto perché ci fidanzassimo" ricorda Clelia. "Però, se devo essere sincera, per Paolo ho sempre provato molta tenerezza, ma mai una vera attrazione erotica. Il fatto è che a un certo punto sono rimasta incinta e mi sono messa in gabbia... Almeno finché il panico non mi ha fatto capire che stavo percorrendo una strada sbagliata."

La svolta

Dopo circa sei mesi di separazione, Clelia (che si è trasferita con la figlia in un'altra città) conosce un nuovo compagno, Mattia, col quale inizia una relazione intensa che porta quasi subito alla convivenza. Anche la bambina accetta serenamente questa situazione, e sembra che non ci siano ostacoli alla loro unione.

Ma a un certo punto, una sera, durante una cena a lume di candela in una bella località di mare in Liguria, ecco che gli attacchi inaspettatamente ritornano: "Di punto in bianco ho iniziato a sudare in maniera imbarazzante, davanti a Mattia. Il cuore mi scoppiava nel petto, le gambe non riuscivano a star ferme sotto il tavolo" spiega Clelia. "Sono dovuta correre in bagno attraversando di corsa tutto il ristorante e ho aperto la finestra, in cerca d'aria..."

E lì, con lo sguardo fisso sulle onde illuminate dalla luna, Clelia riflette sulla sua situazione: "Prima avevo un matrimonio, una famiglia, una figlia: ero una moglie rispettata da tutti, ma ero insoddisfatta e soffrivo di panico... Adesso non ho più una famiglia regolare ma ho l'uomo giusto, mia figlia è sempre accanto a me, ma il panico non mi abbandona. Dov'è che sto sbagliando?".

Tenerezza e accoglienza, impulsività e passione

L'amore del fuoco e quello del focolare, per dirla con il filosofo Gaston Bachelard, sono due mondi che si completano l'un l'altro e che non vanno mai messi a confronto per arrivare a preferirne uno. Entrambe queste realtà sono in grado di regalare gioie e di procurare dolori, ed entrambi sono indispensabili. Il dolore che Clelia prova, anche dopo aver lasciato il marito, ha la sua origine nei calcoli e nella scelta che, più o meno consapevolmente, sta cercando di fare tra amore "famigliare" e amore "passionale". Vivere in questo modo è come aver imboccato un'autostrada senza uscite e sentirsi costretti a percorrerla o in una direzione o in quella opposta, senza possibilità di cambiare il percorso: ma la vita non ci costringe mai a scelte assolute. La vita è fatta di sfumature, di chiaroscuri, di situazioni sfaccettate...

> Non c'è bisogno di **scegliere** tra amore del fuoco e amore del focolare: sono due mondi **complementari**.

Il panico si è riaffacciato nella nuova vita di Clelia perché lei non è riuscita a comprendere che, innamorandosi, sta già dando vita a una nuova famiglia con il suo nuovo compagno, ma che questo non implica che lei debba rinnegare le sue scelte precedenti: potrà essere contemporaneamente donna, amante e mamma serena.

Quando in terapia Clelia prende atto di questa evidenza, inizia a vivere i suoi rapporti (con la figlia, con l'ex marito e con il suo nuovo compagno) in maniera più rilassata. Dentro di lei si sente più morbida, più cedevole: "Ho lasciato che la vita facesse il suo corso, senza bisogno di schierarmi da una parte o dall'altra o di giudicare le mie scelte" dice al terapeuta, quando torna a trovarlo dopo qualche mese di silenzio. "E gli attacchi poco alla volta si sono diradati, fino a scomparire."

PANICO E QUOTIDIANITÀ

"Una vita da forzata della danza, ma senza salti di gioia"

Melania, 26 anni, è ballerina di fila in uno dei corpi di ballo più prestigiosi d'Italia. A un certo punto, durante una vacanza-studio in compagnia di un paio di colleghe e della mamma, la prima delle sue fan, viene travolta da violentissimi attacchi di panico. Le crisi aumentano d'intensità e diventano addirittura quotidiane: "Mi veniva la tachicardia anche tre-quattro volte al giorno, al punto che una volta mi sono dovuta rivolgere addirittura al pronto soccorso. E così a settembre non ho potuto più riprendere il lavoro in teatro" rivela disperata al terapeuta.

Dopo mesi di stop e decine di certificati medici, Melania viene licenziata dal corpo di ballo e resta disoccupata.

La radice del disagio

Melania continua la psicoterapia, e durante le sedute appare fragile e spaventata: afferma di dover tornare al più presto a ballare, altrimenti vanificherà i sacrifici fatti dalla madre, che da sempre l'ha sognata ballerina.

La descrizione di come ha vissuto gli ultimi anni è, del resto, molto significativa: studiare, ballare, studiare, ballare, studiare, ballare... Mai un'uscita con gli amici, mai un fidanzatino, nessun flirt giovanile. Se c'è una dimensione assente nella vita di Melania è la sensualità, la ricerca del piacere, della seduzione, dell'appagamento erotico. La "donna-progetto" non ha tempo da perdere con gli "stupidi ragazzini": l'unica cosa giusta per lei era impegnarsi al massimo, anima e corpo, per diventare ballerina.

Non è certo sorprendente che il panico irrompa nella sua vita...

La svolta

In terapia, la passione viene fatta entrare in punta di piedi nella vita di Melania: il "compito" che le viene dato è quello di cercare il piacere non sul palcoscenico ma nella quotidianità, nelle cose minime, nei gesti apparentemente insignificanti. Il terapeuta la invita a scegliersi con più cura gli abiti di tutti i giorni ("Melania non esiste solo in funzione del tutù"), le suggerisce di valutare una nuova

> Un "**compito**" terapeutico: cercare il piacere nelle **cose minime** della quotidianità.

pettinatura ("Melania non è obbligata a tenere i capelli sempre raccolti a chignon"), di ascoltare musica diversa dalla musica classica ("Non esistono solo il *Lago dei cigni* e lo *Schiaccianoci*...").

Melania inizia il suo percorso di nascosto dalla madre, e poco alla volta la sua vita si trasforma.

Ballare solo per sé, per il proprio piacere

Per la giovane donna la scoperta dell'esistenza di una sensualità nascosta anche nelle piccole cose è la premessa per far emergere l'eros nella vita e nella danza. Per la prima volta le torna – dopo quasi un anno di inattività – il desiderio di ballare: ma questa volta Melania balla per se stessa e non per il pubblico, gli insegnanti o la mamma.

Le crisi diventano sempre più rare, e Melania si accorge della grande energia erotica e seduttiva che nel ballo riesce a sprigionare. Torna a fare provini e ottiene un nuovo contratto, questa volta in televisione. La sua vita adesso trabocca di energia e di passione: Melania, ora, salta di gioia...

> Scoprire la **sensualità nascosta** anche nelle piccole cose può servire a far **riemergere** l'eros.

PANICO E PAURA DI NON ESSERE ALL'ALTEZZA

"Sono un manager ma non so prendere decisioni"

Lele, 40 anni, single, è un dirigente a suo modo atipico: marketing manager in una grande multinazionale, uomo con un carattere timido e riservato, arriva distrutto in terapia, con la schiena curva e gli occhi bassi, lamentando ormai frequentissimi attacchi di panico.

"Questa della psicoterapia è l'ultima spiaggia: sto troppo male, ho provato molti farmaci ma senza nessun risultato. Se fallisco ora, non so cosa farò..." ammette in terapia, con voce rotta dalle lacrime.

Poi, poco alla volta, inizia la sua confessione: "A 40 anni suonati mi porto ancora addosso il peso di essere una persona piena di dubbi e di ripensamenti. Sono indeciso e insicuro, incapace di prendere una decisione o di fare una scelta istintiva: qualsiasi cosa mi costa giorni e giorni di pensieri, valutazioni, paragoni tra le mille opzioni possibili. Per uno che fa il mio lavoro, è paradossale: ho paura di sbagliare, di non essere all'altezza e più mi macero nella mia indecisione e più il panico mi assale, mi scuote ogni giorno come una tempesta... E quando passa, io mi ritrovo sfinito e al punto di partenza".

La radice del disagio

Il problema di Lele, comune a molti uomini, è quello di pensare troppo e male, affidandosi soprattutto alla cosiddetta "razionalità": una valutazione logica, fredda, astratta, troppo intrisa di ragionamenti e teorie. Proprio in virtù del ruolo dirigenziale che riveste, Lele respinge l'idea di poter affrontare i problemi con un approccio diverso, più irrazionale e intuitivo. Afferma di essere incapace di usare l'intuito, di decidere ascoltando il "feeling", di cogliere al volo ciò che serve "perché sono un uomo e gli uomini usano la testa, non danno retta alla pancia".

> La **razionalità** maschile, logica, fredda, astratta, rifiuta di servirsi dell'**intuito** e del **sentimento**.

Ma, sostenendo questa convinzione, si imprigiona da solo nella gabbia di una razionalità ipertrofica che gli attacchi di panico tentano appunto di scardinare.

La svolta

Un giorno, durante un corso di formazione per manager, Lele incontra un maestro di yoga. Dopo il seminario, fa una lunga chiacchierata con l'insegnante e si fa invitare a una lezione di prova. Incredulo, lezione dopo lezione, Lele si rende conto che la pratica dello yoga lo stacca (sia pure solo per un paio d'ore alla settimana) da quel suo mondo freddo, affollato da mille pensieri e ragionamenti.

Lo yoga lo trasporta in una dimensione più accogliente, dove nessuno lo obbliga a prendere decisioni e dove può finalmente starsene un po' senza pensare a nulla, a mente vuota, galleggiando in una dimensione al di fuori del tempo e dello spazio, ascoltando solo se stesso, il suo corpo e soprattutto il suo istinto.

Il panico spinge a scoprire una dimensione **più accogliente**, in cui non c'è l'**obbligo** di prendere decisioni.

L'eccesso di giudizio genera disagi, che solo l'istinto può dissolvere

Dopo due mesi di yoga, qualcosa nella mente del giovane manager si sblocca: Lele infatti inizia a comprendere che la strada della razionalità esagerata conduce solo a complicare l'esistenza e crea una pericolosa confusione.

"Ho capito che era meglio far tacere la mente e lasciar parlare l'istinto" proclama un giorno, trionfante, al suo psicoterapeuta.

Con questa certezza, Lele inizia anche a cambiare "stile professionale": le sue decisioni sgorgano immediate e spontanee, la scrivania non è più ingombra di mille promemoria, non si formano più cumuli di carte arretrate... Anche gli attacchi di panico sono meno intensi e meno frequenti, e Lele riesce a viverli con minore disagio, anche grazie alle tecniche di rilassamento che ha appreso durante il corso di yoga.

L'**ipertrofia** della razionalità complica e **confonde** l'esperienza.

"So benissimo che sto percorrendo una strada nuova, diversa, che forse mi porterà lontano, magari anche al di fuori della mia azienda, via dalla città dove ho sempre vissuto..." scrive nella lettera con cui decide di sospendere per un po' la psicoterapia.

"Però non sono preoccupato: so solo che la mia vecchia vita mi faceva stare male, perché in realtà non era la 'mia' vita: adesso sto meglio, perché finalmente sto iniziando a essere me stesso."

"Una situazione difficile in famiglia gli fa venire il mal di pancia"

"Mio figlio Luca, 10 anni, è bravo a scuola eppure, spesso, mentre esce di casa per prendere il bus, viene colto da nausea, vomito e dolori addominali, al punto da non poter frequentare le lezioni" racconta Milena allo psicoterapeuta, al quale si è rivolta per capire dove nasce il "mal di scuola" del suo bambino.

"Ho provato tante volte a insistere, a parlargli, a spiegargli che le sue paure sono immotivate, ma il suo collo sudato e le sue manine tremanti, i singhiozzi convulsi e il cuoricino che batte all'impazzata mi persuadono che dietro il suo disagio c'è qualcosa di più profondo."

La radice del disagio

Lo psicoterapeuta chiede a Milena qualche notizia sulla situazione famigliare: la donna spiega che in famiglia da parecchi mesi c'è molta tensione perché suo marito, che è alcolista e disoccupato, è violento e spesso la picchia, quando addirittura non riempie di botte il figlio. Lei, che fa l'impiegata e che per fortuna è in grado di mantenersi da sola, sarebbe decisa a chiedere la separazione, perché la situazione si è ormai fatta insostenibile, ma teme terribili rappresaglie da parte dell'uomo: per questo sta temporeggiando e non sa cosa fare.

La svolta

Il piccolo Luca, che purtroppo assiste spesso a queste scene di violenza verbale e fisica tra i genitori, ha inconsciamente maturato un fortissimo istinto di protezione nei confronti della madre, dalla quale si stacca a fatica e con angoscia: gli attacchi di panico sono la testimonianza visibile delle sue paure, che lo portano a rifiutare la scuola pur di non lasciare la mamma da sola, in balia del suo violento papà.

Dissolvere una situazione di paura quotidiana elimina la radice del panico

Con il supporto dello specialista, che le presenta una valida avvocatessa esperta in diritto di famiglia, Milena trova finalmente il coraggio per depositare in tribunale la domanda di separazione, mettendo in luce la situazione impossibile in cui sta vivendo da mesi insieme a suo figlio.

Il marito in un primo tempo reagisce malissimo, ma poi accetta di buon grado di allontanarsi da casa e di intraprendere una terapia di disintossicazione.

Con l'uscita di scena del padre, Luca appare subito più sollevato, diventa più facile mandarlo a scuola, non ha più paura di staccarsi dalla mamma.

> Cancellare una situazione di paura **quotidiana** può **troncare** alla radice le **dinamiche** che portano agli attacchi di panico.

E poco alla volta inizia anche a frequentare il papà fuori dall'ambiente domestico, recuperando un rapporto che, in una situazione di convivenza ormai insostenibile, pareva irrimediabilmente compromesso.

LETTURE CONSIGLIATE

Chi desiderasse approfondire la lettura delle opere citate nei vari capitoli troverà qui di seguito in ordine alfabetico alcune indicazioni bibliografiche.

Borgna, Eugenio, *Le figure dell'ansia*, Feltrinelli, Milano 2005.

Hegel, Georg Wilhelm Friedrich, *Fenomenologia dello Spirito*, Bompiani, Milano 2000.

Hillman, James, *Saggio su Pan*, Adelphi, Milano 2006.

Husserl, Edmund, *Fenomenologia e psicologia*, Filema, Napoli 2003.

–, *Per la fenomenologia della coscienza interna del tempo (1893-1917)*, Franco Angeli, Milano 2004.

Jung, Carl Gustav, *Ricordi, sogni, riflessioni*, Rizzoli, Milano 2010.

Morelli, Raffaele, *Dizionario di Psicosomatica*, Edizioni Riza, Milano 2007.

Nietzsche, Friedrich Wilhelm, *Divieni ciò che sei. Pensieri sul coraggio di essere se stessi*, a cura di Mirella Carbone e Joachim Jung, Marinotti, Milano 2006.

–, *La nascita della tragedia*, Adelphi, Milano 2000.

Plutarco, *Dialoghi delfici*, Adelphi, Milano 1983.

«Vincere il panico»
di Raffaele Morelli e Vittorio Caprioglio
Oscar
Mondadori Libri

Questo volume è stato stampato
presso ELCOGRAF S.p.A.
Stabilimento - Cles (TN)
Stampato in Italia. Printed in Italy